Wiglaf Droste

Wir sägen uns die Beine ab und sehen aus wie Gregor Gysi

Peter Köhler sagt es deutlich: »Wenn es gilt, nicht nur zu schimpfen, sondern einfallsreich zu schimpfen, den Feind nicht mit den üblichen Injurien zu überschütten, sondern ihn mit brillanten, überraschenden Formulierungen in seine Einzelteile zu erledigen, ist Wiglaf Droste die Nummer eins.« Franz-Josef Degenhardt bestätigt: Er ist »aufrührerisch, amüsant, anstößig, komisch, entzaubernd, provozierend, apodiktisch, beleidigend, grantig oder bösartig das Widerwärtige widerwärtig nennend, und das in bestem Deutsch«.

Wiglaf Droste, geboren 1961, ist Schriftsteller, Sänger und Vorleser. Bei Reclam Leipzig erschienen *Bombardiert Belgien / Brot und Gürtelrosen*, RBL 20043; *Die Rolle der Frau*, RBL 20068; *Der infrarote Korsar*, RBL 20110; und zuletzt der Gedichtband *nutzt gar nichts, es ist Liebe*.

Wiglaf Droste

Wir sägen uns die Beine ab und sehen aus wie Gregor Gysi

Ausgesuchte neue Texte

© Reclam Verlag Leipzig, 2005
Erstmals erschienen 2004 im Verlag Edition Tiamat
Reclam Bibliothek Leipzig, Band 20125
1. Auflage, 2005
Reihengestaltung: Gabriele Burde
Umschlaggestaltung: Gabriele Burde unter Verwendung
eines Motivs von © Michael Sowa
Fotografie des Autors auf der 4. Umschlagseite:
© Nikolaus Geyer
Gesetzt aus Slimbach ITC
Satz: Barbara Gomon, Leipzig
Druck und Bindung: Reclam, Ditzingen
Printed in Germany
ISBN 3-379-20125-1

www.reclam.de

für Ulrike

Tünseliges Ostwestfalen

Der Ostwestfale sieht manchmal aus wie eine Kartoffel, und immer spricht er so. Er sagt nicht wirklich oder Wurst, sondern wiaklich und Wuast, der Nachmittag ist ihm ein Nammiitach und das Abendbrot ein Aaahmtbrot. Ich weiß das, ich komme da wech, und deshalb dürfen Renée Zucker und Harry Rowohlt auch Wichlaf zu mir sagen.

Von Harry Rowohlt stammt der Hinweis, dass Ostwestfalen ein Unsinnswort sei – Ost und West subtrahierten sich wechselseitig, und übrig bleibe: Falen. Falen ist aber kein anständiger Name für einen Landstrich. Außerdem spricht sich Ostwestfalen umständlicher und langsamer als Falen und passt deshalb sehr gut zu seinen Bewohnern, die schon zum Frühstück Schlachteplatte essen können und das dann leckò finden.

Wenn Kinder in Ostwestfalen spielen, heißt das kalbern, da ist das Herumalbern schon mit drin. Machen sie Quatsch, dölmern sie und sind analog Dölmer; toben und lärmen sie, dann heißt es bald: Hört auf zu ramentern! Ein Bauer oder sonst einer, den man für hintermmondig tumb und schlicht hält, ist in Ostwestfalen ein Hacho. Das Wort entstammt, wie manches im nicht nur onomatopoetischen, also lautmalenden, sondern auch sonst poetischen Ostwestfälisch dem rotwelschen Argot namens Masematte, der im Münsterland gesprochen wurde. Als ich das Wort Hacho in einer Geschichte für Klett-Cotta's *Kulinarischen Almanach* verwendete, traf es in Stuttgart auf eine Redakteurin, die es nicht kannte. Statt einfach nachzufragen, hielt sie das Wort lieber für einen Tippfehler und machte durch den Austausch von H & M aus dem Hacho einen Macho. Die Textpassage war durch die Änderung zwar tiptop sinnfrei und unverständlich geworden, aber im Schulbuchverlagshaus Klett war rechtschreiberisch alles in bester Ordnung, der Text war sauber gekehrwocht worden.

Tünsel ist ein ostwestfälisches Wort, dessen Bedeutung sich nicht auf Anhieb erschließt. Ein Tünsel ist nicht unbedingt ein Dummkopf – eher einer, dem ein Patzer unterlief. Manchen Sommer wullackten mein Vater, mein Bruder Finn und ich im Weserbergland. Mein Vater trug, wie bei älterer männlicher Landbevölkerung nicht unüblich, bei der Maloche nur einen grauen Arbeitskittel und ein Paar Gummistiefel. Mein Bruder und ich wühlten mit Brechstange, Spitzhacke, Spaten und Schüppe eine Rinne in den Boden, um eine Drainage zu legen. Ausgemergelt standen wir im Mergel und kamen nicht recht voran. Plötzlich geistesblitzte mein Vater, sich seiner Verneinung aller gängigen Dress-Codes ganz offensichtlich unbewusst, einen Kern- und Dreisatz, der für immer Aufnahme in den familiären Sprachkanon fand – und sagte, Blick und Timbre bedeutungsschwer: »Wir sind Tünsel.« Mein Bruder und ich kuckten ihn an, einen Shakespeare'schen *Julius Caesar* in Gummistiefeln, und plumpsten in den Graben, keckernd wie die Raben.

Wir sind Tünsel: Schöner kann die Einsicht in die allumgreifende Fehlbarkeit des Menschen nicht formuliert werden. Mit dem Wort Heimat verbinde ich keine Landschaft – wozu auch? Eine Sprache, in der Dölmer, Hachos und Tünsel durcheinander ramentern, wullacken und kalbern, ist Heimat genug.

Wo ist Zuhause, Mama?

Eine letzte Verbeugung vor Johnny Cash am 12.September 2003

Johnny Cash hatte sich schon verabschiedet. Auf seiner letzten CD »The Man comes around« sang er den Nine Inch Nails-Song »Hurt«: »What have I become / My sweetest friend? / Everyone I know / Goes away in the end / And you could have it all / My empire of dirt / I will let you down / I will make you hurt / If I could start again / A million miles away / I would keep myself / I would find a way.« Im Video dazu sah man einen steinalten, todkranken Mann, das Gesicht eine zerklüftete Gebirgslandschaft, von der aus auf ältere Bilder von Cash geschnitten wurde, die ihn als jüngeren Mann zeigten. Der kurze Film zum Song war eine Reise durch das Leben des Sängers Johnny Cash: Das war ich, sagte er. Kuckt mich noch einmal an, hört mir noch einmal zu. Ich gehe.

Es war todtraurig, und es kam noch härter. June Carter Cash starb, die Frau, ohne die Cash nichts war als ein fahrender Sänger, und ohne die er schon lange nicht mehr am Leben gewesen wäre. »Wo ist Zuhause Mama?«, heißt ein Lied, das Cash auf Deutsch sang. Das Lied stellt die zentrale Frage im Leben eines Mannes und verweigert eine eindeutige Antwort: »Vielleicht auf der großen Straße / Vielleicht hinter blauen Bergen / Vielleicht bei den hellen Sternen.« Johnny Cash war ein Suchender, und er fand June Carter Cash – Liebe hieß die Antwort, Gott hieß die Antwort. Johnny Cash, das macht ihn singulär, wusste, dass die Antwort für alle, die sie nicht finden können, manchmal Mord heißt. Davon handeln seine Lieder: von Liebe, Gott und Mord.

Seine Frau ging ein halbes Jahr vor ihm, im Mai 2003, und so war man, wie es so heißt, darauf gefasst, dass er ihr bald folgen werde. Er war krank, er war allein, es war abzusehen, und trotzdem tut es weh. Johnny Cash ist tot, ein großer Tröster in dieser an Tröstern so raren Welt. In der Schmierwelt des Nashville-Mainstream-Country war Cash ein berserkernder Außenseiter – er zeigte dem Establishment den Finger, und, auch das macht ihn einzigartig: Er meinte es genau so. Simuliertes Rebellentum kann man an jeder Ecke haben, die Gestik des Dagegenseins ist im Pop eine unerlässliche verkaufsfördernde Maßnahme. Nicht so bei Cash – der Mann war echt, ein hochexplosives Gemisch aus Widersprüchen.

Johnny Cash war eine Primzahl, teilbar nur durch sich selbst und durch eins. Was man von ihm hören muss, gibt es bei American Recordings und bei Bear Family, was man über ihn wissen muss, hat Franz Dobler in seinem Buch »The Beast in Me – Johnny Cash und die seltsame und schöne Welt der Countrymusik« aufgeschrieben. Was immer Johnny Cash coverte, es gewann durch seine Stimme an Tiefe und Wahrheit. Seine Version von Tom Pettys »Southern Accent« klang schon wie ein Requiem, als Cash das Stück 1996 auf »Unchained« sang: »There's a dream that I keep having / Where my Mama comes to me / And she kneels down over by the window / And says a prayer for me / I've got my own way of praying / And everyone's begun / With a southern accent / Where I come from.«

Johnny Cash ist nach Hause gegangen.

Der Duft der Frauen

Leider sehr gut erinnere ich mich an den Geruch nach alter Tante. Crème Mouson hieß das Zeug, meine Brüder und ich schenkten es älteren weiblichen Verwandten, für die uns ein richtiges Geschenk einfach nicht einfallen wollte. Es war die Zeit, in der Blacky Fuchsberger Reklame für 4711 Kölnisch Wasser machte: x-mal strutzte er das Süßwasser aus einer riesigen Pulle in den Handteller, stellte die Flasche ab, zerrieb die verwesungsgeruchige Lache in beide Hände und hieb sie sich mit zehn Fingern über Gesicht und Haar, bis zum Hinterkopf. Der Mann muss gerochen haben wie eine Weihnachtsfeier pensionierter Bordsteinschwalben.

Seitdem haben die Deutschen, was ihren Duftauftrag angeht, schwer aufgerüstet, aber sie stinkmorcheln immer noch. Anders zwar, weniger naturbelassen achselhöhlig, mettwurstig oder smegmatisch, stattdessen hochaggressiv nach Hormonwasser. Viel hilft viel, heißt die Devise, nach der sich Herren mit Herrendüften einjauchen, dass einem die Augen tränen. Die Nasenlöcher wollen sich von innen verstöpseln vor Not und Qual, wenn so ein Kerl von Drogeriewelt sein Badezimmer verlässt, um bis weit über die Grenzen des Landes hin die olfaktorische Botschaft seiner Existenz zu verströmen: Hier komme ich, ich heiße Heinz und ich habe Parfüm, meine Nase ist taub, sonst röche ich anders und vor allem weniger.

Man kann nicht wegriechen. Man kann erfreulicherweise wegsehen, auch wenn einem turnusmäßig die Ohren vollgeheult werden, dass man alles dürfe, nur nicht wegsehen. Aber das kann man überhören, obwohl das Weghören schon weit schwerer ist als das Wegkucken. Nur wegriechen kann man nicht. Der Geruchsinn lässt sich, außer durch Krankheit, nicht abstellen, und wer eine feine Nase hat, der hat an ihr viel Freude und mindestens ebensoviel Kummer.

Die Welt liegt unter dem Vollbeschuss der Friteuse, und wo die Friteuse nicht hinreicht, da schlägt das Parfüm zu. So arbeiten Frittenfettler und Dufthersteller Hand in Hand an der olfaktorischen Vergiftung der Weltbewohner. Nicht nur nasentote Herren sind es, die Toxisches ventilieren – auch Frauen fügen der Welt schwerste Geruchsverbrechen zu. Sie dünsten angebliche Sexuallockstoffe aus, die jeden riechkolbig noch nicht erledigten Mann die schnellen Schuhe schnüren und rennen, rennen, rennen lassen – wenn das geht.

Im vollbesetzten Zug ist schlecht weglaufen. Als mich drei Grazien im Speisewagen an einem Vierertisch einkeilten, war es zu spät. Sie pesteten Moschus und Maiglöckchen aus; offenbar hatten sie darin gebadet. Mir wurde schlagartig schlecht, doch wollte ich mich nicht direkt auf den Tisch erbrechen, obwohl mein Körper mir das dringend empfahl. Im Geiste sah ich Rettung blinken: Verzweifelt orderte ich beim Kellner eine französische Käseplatte. Der kräftige Fromage, so glaubte ich, würde schon gegen den Geruchsterror des miefenden Kleeblatts anstinken. Doch weit gefehlt: Der Käse kam aus dem Kühlschrank und roch auch sonst nach nichts. Schwerer Olfaktoralschaden war nicht mehr abzuwenden. Die drei Damen vom Geruchsgrill aber spürten nicht das Geringste.

Das gelbe Grauen

Forsythien, Forsythien, nichts reimt sich auf Forsythien

Der kühne und gute Plan, das Land Brandenburg zu untertunneln, liegt noch immer auf Eis. Ausreisebedürftige Insassen Berlins müssen weiterhin sehr tapfer sein – ob sie wollen oder nicht, werden sie auf jeder ihrer Reisen des Landes Brandenburg und seiner Bewohner ansichtig. Das ist nicht schön, aber speziell beim Autofahren kann man nicht gut die Augen zumachen. Also kuckt man das an.

Nur 115 Kilometer ist Berlin vom zauberhaften mecklenburgischen Feldberg entfernt, doch führen etwa 100 davon durch Brandenburger Gebiet. Das soll man nicht unterschätzen. Wie totgeprügelt liegt das Land herum. Der Brandenburger hält sich weitgehend in seinen Behausungen verborgen, wo er Übles ausbrütet. Er will sich rächen – wofür und an wem genau, ist nicht klar. Diffus ist sein Rachedurst: an allen und für alles; dafür, dass es ihn, den Brandenburger gibt; dass er da ist, dass er vegetiert auf der Erdkrume und seiner selbst nicht froh werden kann, niemals. Zwar keimt selbst im Brandenburger ein Restwunsch nach Schönheit und nach Leben, nur weiß er eben gar nicht, was das ist. Und so verkehrt sich jeder seiner Versuche, diesen Wunsch zu erfüllen, in sein Gegenteil.

Schießschartenäugig und feindselig belauert der Brandenburger den Durchreisenden, dem er sein Durchreisenkönnen neidet. Einen durch Humor humanisierten Blick auf sich, die anderen und die Welt kennt er nicht; allenfalls unfreiwillig komisch erinnert er an eine Gestalt aus »Asterix«, die muffelnd erklärt: »Wir haben nichts gegen Fremde, aber diese Fremden sind nicht von hier.« Aus seinem Herzen Hass und Jauche schöpfend, steht der Brandenburger da und weiß nicht, warum und wozu. Mist klebt ihm an den Gummistiefeln und Missmut an der Backe. In dieser Grundstimmung fristet er sein Leben, und damit das auch jeder sehen kann, bosselt und wurschtelt er an Haus und Garten herum, wo er Furchtbares zustande bringt.

Das Auto zischt über die Brandenburger Landstraße, den trostlosen Trott Brandenburgs zerschneidend wie uns ihm visuell aussetzend. Die Plastikrehe und Gummischwäne, die sich der Brandenburger im Dutzend in seine Vorgärten kippt, sind nicht allein geblieben; im Frühjahr rüstet der Brandenburger nach. Bei Lidl, Aldi und anderen Discounterschurken hat er für wenig Geld abscheuliche Ostereier in unglaublicher Stückzahl erworben: Zehntausende quietschbunte Blindmacher hat er sich in seine Sträucher hineingehängt, um auch wirklich jeden Durchreisenden an seiner Geschmacksferne teilhaben zu lassen.

Die Sträucher selbst sind nahezu ausnahmslos gelb: Es blüht die Forsythie, die Ratte unter den Pflanzen. Von überall gilbt sie dem schaudernden Betrachter die tränenden Augen mit sich voll, und weil alle Brandenburger ihre giftig leuchtenden Forsythien mit bunten Ostereiern schmücken, sieht ganz Brandenburg aus wie eine erbrochene Pizza mit Ananas- und Laubfroschbelag. Nur woraus die blauen Stückchen sind, wissen wir nicht und wollen es uns auch lieber nicht ausmalen.

Im ostereierbehängten Forsythienstrauch vereinigen sich auf das Perfideste die Grausamkeit der Natur und der Terrortrieb des Menschen. Die Forsythie ist gewöhnlich und grundböse; sie taugt zu gar nichts. Nicht einmal einen Endreim gibt sie her – nichts reimt sich auf Forsythie. Und wie die Forsythie Gewalt ausübt gegen das menschliche Auge, so muss man ihr Gewalt antun, um sie zum Reim zu zwingen: *Blühtse, / die Forsühtzje?* – Furchtbar. *Haut den Forsützchen / was auf die Mützchen?* – Bah! *Lass mich das Leben dir versüthsjen?* – Es ist zwecklos. Die Forsythie ist reimresistent und ihrem Wesen nach ganz und gar unpoetisch. Und deshalb das Lieblingsgesträuch aller, die zillionen Trillionen beißend bunte Plastikeier hineinhängen ins gelbe Grauen – weil sie das »schön« finden, oder, viel wahrscheinlicher, weil sie wissen, wie tief sie andere damit quälen können. Denn auch diese Menschen wollen eine Freude haben im Leben.

Der Wagen fährt durch forsythienbeferkeltes Land, die Leuchtostereier schiessen Löcher in die Netzhaut, und das Durchfleddern des Kopfes nach einem Reimwort auf Forsythie zerschrotet das Gehirn. *Ostern ist das Fest des Leidens / und des Lärm- und Krachvermeidens. / Doch der Pfarrer mit der Hostie – nein, der Pfarrer mit der Hystie! / salbt und segnet die Forsy…?* Nein, stopp, aus, wir kapitulieren, genug und Ende.

Der Klapperstorch bringt Molkenberger Mäuse

An der Dorfstraße im brandenburgischen Molkenberg liegt die Alte Molkerei. Das große rote Backsteingebäude wurde von einem gemeinnützigen Verein für Bildung und Freizeit zu einer Jugendbegegnungs- und Tagungsstätte um- und ausgebaut. PAL steht am Briefkasten, dabei handelt es sich aber nicht um das Hundefutter, das laut Werbung »von führenden Züchtern empfohlen« wird. Hier bedeutet PAL: Projekt Alternatives Lernen. So furchtbar das klingt für einen, der mit dem Wort alternativ erwachsen wurde und lernte, es korrekt mit geizig zu übersetzen, so erstaunlich schön ist es in der Alten Molkerei.

Das Haus ist groß und großzügig eingerichtet, hat einen riesigen Garten, in ein paar Fußminuten ist man an der Havel. Im Sommer gilt in Molkenberg die Parole: Storchenland in Storchenhand! Zwei bis drei Dutzend Alt- und Jungstörche bestimmen das Bild, klappern hölzern mit den Schnäbeln, schwingen sich auf in die Lüfte, und wer kein Frosch ist, freut sich darüber. Farb-Klang, das Kunst- und Musik-Atelier für Kinder und Jugendliche in Berlin-Mitte, richtete auch im Juli 2003 eine fünftägige Ferienfreizeit in Molkenberg aus, und wie im Sommer zuvor wurde ich für ein paar Tage als Smutje und Märchenonkel einbestellt.

Zu bekochen galt es vier erwachsene Frauen, zwei weibliche und zwei männliche Jugendliche zwischen 10 und 14 und sechs Mädchen zwischen vier und acht Jahren. Das waren die Molkenberger Mäuse: Antonia, Emilia, Johanna, Lilli, Nouma und Quila. 14 Mäuler futtern ordentlich was weg, da hat man zu tun. Eine gute Arbeit ist das: heiße Kartoffeln mit viel Butter, Milch, Salz und Muskat zu Brei stampfen oder ein paar Kilo gekochte Tomaten mit dem Holzstößel eines Mörsers durch ein feines Sieb passieren – das lässt den Schweiß die Suppe salzen. Kochen hat eine erfreulich physische Komponente – das ist Arbeit, keine affig simulantige Köchelei à la Biolek.

In der Küche trug ich die Schürze, die mir Fanny Müller zu meinem 40. Geburtstag schenkte: »Nîmes – La ville de l'olivier« steht darauf, die Zeichnung darunter zeigt einen gewaltigen Stier in Rückansicht, seine Klöten sind je eine große grüne und eine schwarze Olive, und wenn man die Schürze umbindet, hängen die Oliven exakt auf Sackhöhe. Danke, Fanny! So macht sich ein Mann schön zum Horst – oder, bei den Neunmaldummen, sogar verdächtig.

Mein japanisches Allzweckmesser schnitt durch Truthahnbrust und Zwiebel, mit der flachen Seite quetschte es Knoblauch. In Butter, Meersalz und schwarzem Pfeffer wurde gebraten, ich rührte, knetete Fleischbällchen, sott sie im Tomatenfond, schleppte Teller und Töpfe in den Garten, drei Kellen zwischen den Zähnen wie Enterhaken, verteilte, schöpfte, gab Futter. Außer dichten, küssen, singen und ins Wasser hüpfen fällt mir nicht viel ein, das ich genauso gern täte.

Dann wurde die Küche geblitzblankt. Das muss sein: Wenn man mit dem Kochen anfängt, will man direkt loslegen können, nicht erst noch putzen. Koch sein ist wie Dichter sein: Man hat immer zu tun, und immer das Schönste – auch wenn das nicht immer so aussieht. Die Mäuse rissen mich aus der Küche. »Gevatter Tod! Gevatter Tod!«, piepsten sie in meine Ohren. Sie meinten damit freundlicherweise aber nicht mich, sondern das Märchen der Gebrüder Grimm. »Lies was Gruseliges, o ja, was Gruseliges!«, quiekten sie, die Trommelfelle schreddernd, und zerrten mich an den Händen in den Garten. Ich legte mich mit dem großen Grimms-Märchen-Buch von Nikolaus Heidelbach auf Decke und Wiese, die quibbelige Milchzahn-Truppe sortierte sich drumherum, begierig die traumwandlerischen Heidelbach'schen Bilder betrachtend, auf mir herumkletternd, an mir zupfend und zerrend, mich bestürmend.

»Was Gruseliges, was Gruseliges!«, verlangte die Bande im Chor; außer »Gevatter Tod« war noch »Fitchers Vogel« im Rennen, das »Märchen von einem, der auszog, das Fürchten zu lernen«, »Die Boten des Todes«, »Blaubart« und »Das Waldhaus«. Ganz besonders hoch im Kurs stand »Der Räuberbräutigam« – da wird »der Leib einer Jungfrau zerhackt und mit Salz bestreut«. Das mochten die Mäuse besonders. Als sich die drei Jüngeren »Das blaue Licht« wünschten, in dem eine Königstochter einem alten Soldaten bloß »als Magd aufwarten« muss, zog die ältere Mäusehälfte gelangweilt von hinnen.

Während ich als Märchenonkel bei der Arbeit war, ließ sich im Nachbargarten ein alter Mann sehen, der eine Angel reparierte, dann aber doch nicht zum Angeln ging, sondern wieder in seiner Hütte verschwand. Er lebt dort wirklich in einer Hütte mit Bett und Feuerstelle. Im Märchen wäre er vielleicht des Teufels rußiger Bruder, in der wirklichen Wirklichkeit heißt er Herr Wille.

In Molkenberg geboren und auf einem Bauernhof aufgewachsen, erbt er gemeinsam mit zwei älteren Stiefbrüdern den Hof, geht aber sofort vom Gehöft, weil er weiß, dass auf sowas kein Segen liegt: Nur im Märchen bekommt der Jüngste am Ende die Prinzessin und das Königreich, während die bösen älteren Stiefbrüder leer ausgehen. Eine andere Wohnung steht ihm nicht zu, weil er ja Wohnrecht auf dem Hof hat, der ihm zu einem Drittel gehört. So zieht er in die leerstehende Molkerei, wo er mit anderen lebt, die ebenfalls keine oder wenig Ansprüche an eine Behausung stellen. Als die Molkerei zu einem Tagungsort umgebaut wird, zieht er als Letzter dort aus und in die benachbarte Hütte.

Als die Kinder und ihre Betreuerinnen anderntags eine Badestelle an der Havel suchen, angelt Herr Wille gerade am gegenüberliegenden Havelufer in seinem großen Eisenkahn, gibt das Angeln aber freundlicherweise dran, tuckert über den Fluss, lädt 14 Passagiere in den Kahn und bringt sie zu einem gut bebadbaren Uferstück. Gleichmütig wartet er, bis alle fertig geschwommen, geplantscht und getobt haben, dann fährt er die ganze Bagage zurück. Einladungen zum Essen schlägt er aus, Spritgeld für seine Kahnfahrerei will er nicht haben. Huckleberry Finn hat einen langen Weg zurückgelegt vom Mississippi bis nach Molkenberg an der Havel.

Wirrsingsong

Ein Frühlingslied

Ich bin ein bisschen durch den Wing
äh Wind. Mein Kopf ist da im Ding
im na, wie heißt es? Hose?
Mein Kopf, mein Dings
Mein Klingeling
Ich stotterstammel, nein: ich sing
den wirren Song, den Hop, den Sing
Den Wirrsing aus der Dose?

Ich sage Gark statt Guten Tag
Mein Popf, nein: Kopf ist weicher Quark
Was wäre, wenn's so bliebe?
Das wär, ich weiß es,
viel zu arg.
Ich wehre mich und bleibe stark
Ich topf den Kopf um jeden Tag. –
Nutzt gar nichts: Es ist Liebe …

Die Wasser des Lebens

Los geht es, raus aus dem sommerstickigen Berlin, wo die Luft schon schnittfest ist, nach Meckelborch, nach Meeeklenburg, zu den Wassern des Lebens. Picknick am See, o-hee, o-hee, die Aussicht inspiriert beim Packen des Proviantkorbs: Brot, Butter, Meersalz, Pfeffermühle, ein Fläschchen Olivenöl, Tomaten, Gurken und Knoblauch, Aprikosen und frischen Ziegenkäse, das Messer mit dem überlebenswichtigen Korkenzieher, dem *Survival Kit* des Dürstenden, Gabel und Löffel, zwei Gläser, Stoffservietten, Wasser, frisch gepresster Orangensaft, Cidre und Wein, Butter und Getränke in Tücher mit Eis gewickelt, und zum Draufrumlümmeln zwei große, weiche Decken. Der vierstöckige Henkelmann wurde schon vorher bestückt: Rote-Bete-Salat, Fleischklöpschen mit Kapern in roter Tunke, Kartoffel-Gurken-Salat mit Crevetten und eine gehackte Ananas würden uns erquicken, stärken, entzücken und erfrischen, und für die zweistündige Reise hatte ich Hähnchensandwiches gemacht. Jammi! In die Decken wickelte ich den größten Schatz: Märchen der Brüder Grimm in der 1995er Ausgabe von Beltz & Gelberg, herausgegeben und illustriert von Nikolaus Heidelbach, 384 Seiten reines, unverfälschtes Glück, das Buch der deutschsprachigen Bücher.

Während der Fahrt wartete ich die Chauffeurin mit Liedern, Futter und Getränk, durch die heruntergekurbelten Fensterscheiben ihres altersschwachen Wagens strömte Sommerwind und trocknete den Schweiß auf unseren Gesichtern. Es galt, das bösartige Brandenburg unversehrt zu durchqueren, was angesichts der Brandenburger Verkehrsteilnehmer nicht ganz leicht ist. Doch dank der Umsicht der Chauffeurin gelang es. Sie zog es nach Mecklenburg, an die Märchenseen ihrer Kindheit, den Tiefen Zinow, den Waschsee, den Carwitzsee, den Schmalen Luzin.

Die Decken wurden unter hohen, schattenspendenden Kiefern ausgebreitet, der See lag einen lässigen Kiefernzapfenwurf entfernt. Der Picknickkorb lockte zum Anschnuckern – Brot, Butter, Salz und Wein schmeckten himmlisch, es war wie in dem Märchen »Das kluge Gretel«, in dem Gretel beim Trinken feststellt: »Der Wein hängt aneinander, und ist nicht gut davon abbrechen.« Wie wir so beieinander lagen und es uns wohl sein ließen, sprang – platsch! – ein Frosch zu Besuch auf die Decke. Neugierig kuckte er alles an. Nach einer Weile nahm ich ihn auf die Hand. Seine Zehen und Finger waren kühl, sein Bauch war warm. Vorsichtig setzte ich ihn der Süßen auf die Schulter; kurz zuckte sie, dann saß sie still mit dem Frosch. Sehr zart gab sie ihm einen Kuss. Der Frosch blieb Frosch. Nach einigen Minuten tat er einen großen Sprung, jumpte auf dem Waldboden davon und hinterließ nachhaltigen Zauber.

Nun wollte die Süße baden gehen, »schwümmn«, wie sie sagte. Sie zog sich aus und ging zum Wasser. Auf keinen Fall wollte ich als doofer westdeutscher Klemmkopf dastehen; so warf ich ebenfalls mein Badekostüm fort, stürmte ins Wasser und hörte mich, zu meinem eigenen Erstaunen, sinnfrei rufen: »Ich bin ein ostdeutscher Nacktbader! Und war nie etwas anderes!«

Der Schmale Luzin verschlang uns. Die Frau verwandelte sich in ein Seepferdchen, der Mann wurde Delphin. Wir waren in unserem Element. Im kalten, klaren, tiefen flaschengrünen See weiß man wieder, warum das Wort Süßwasser so einen süßen Klang hat. Im Schilf quaquakten Frösche, metallisch blaugrün glänzende Libellen hubschrauberten überm Wasser, am Himmel schwebte ein Vogel Greif. Was lag näher, als selbst ein Tier zu werden und zu sein?

Im seichten, warmen Uferwasser waren Kaulquappen in allen Entwicklungsstadien zu betrachten, und ein paar rotbeflosste Fischchen kurvten neugierig herum. Nacktheit und Natur setzten archaische, atavistische Bedürfnisse frei. Kühn hechtete, ja hocht ich ins Wasser, um den Fisch zu fangen und ihn der Frau zu Füßen zu legen, die ihn dann briete, am Feuer, das sie hütete. Erstaunlicherweise waren die Fische jedesmal schneller als ich und schon weg, wenn meine Hände nach ihnen griffen.

So blieben die Fische leben. Ich fing nichts, die Frau briet nichts, doch hatte ich ja einen Korb und einen Henkelmann gefüllt. Hier war er, der neue Superheld: *Henkelman* rettet die Welt. Ha! Seepferdchen wurde wieder Frau, Delphin wieder Mann, im kühlen Kiefernwald war gut futtern und füttern. Butterig glänzten die Münder und leiteten wechselseitig Wein ineinander hinein. Der Wein aber war importiert, denn Wein und Mecklenburg gehen nicht zusammen. In einer Mecklenburger *Kaufhalle*, wie ich als angelernter nackter Ostdeutscher sage, hatte ich einmal mit einem Freund versucht, Wein zu kaufen. Außer Höllen aus Kadarka und Goldberyll war nichts zu bekommen, der Anblick des Weinregals trieb uns die Tränen in die Augen. Der Verkäufer, ein Mann um die sechzig, sah uns zu, schüttelte den Kopf und sprach: »Jungs, nehmt doch 'ne Kanne Schnaps, das geht schneller.« Mit dieser *Variante* – noch so ein ostdeutsches Wort – hatte er das Verhältnis des Mecklenburgers zum Alkohol klar beschrieben: Schmecken muss das nicht, nur wirken.

Deshalb gilt: Gehst du nach Meckelborch, vergiss die Weinbuddel nicht. Diese Regel hatte ich beherzigt, und mit dem Wein flossen die Verse:

Ich küsse der Süßen Wein in den Mund
Wein, Münder und Zungen sind rot
Die Süße küsst mich und lächelt und
Fragt mich: »Was gibtsen zum Aaahmtbrot?«

Jäger sein und scheues Wild, Fischer und Fisch sein, Dichter sein, ein ganzer Mensch und nicht nur eine verhackstückte, ausgequetschte Nutz- und Funktionsexistenz: Der Traum ist alt, und wenn er manchmal als Teil der wirklichen Wirklichkeit aufleuchtet, dann weiß man, dass man ihn wahr machen muss, ganz, für immer, weil sonst alles falsch ist.

Der Mecklenburger aber tat an diesem Tag erfreulicherweise, was er am besten kann: Er machte sich rar. Auch so schafft der Mensch dem Mitmenschen sein Glück: indem er fernbleibt.

Als sich der Frost vertschüsste

Als sich der Frost vertschüsste
Weil mich die Liebste küsste,
Da war es höchste Zeit:
Ich lag zerstört in Trümmern
Was niemanden zu kümmern
Schien - o!, ich tat mir leid
Litt so an Einsamkeit

Sternklare Einsamkeit
Kühlt mumpfes Selbstmitleid
Dass niemand kam zum Kümmern
Zu mir in ollen Trümmern
War gut - und höchste Zeit:
Dass ich die Liebste küsste,
Bis sich der Frost vertschüsste

Ausfahrt mit Haubentauch

Wenn man sich unweit der mecklenburgischen Kleinstadt Feldberg, zwischen Triepkendorf und Koldenhof, in den Wald hineinschlägt und ein paar Kilometer auf einer sehr rumpumpeligen Straße fährt, kommt man zum Schulzensee – und entdeckt dort, tief versteckt im Wald, das Jagdschloss Waldsee. Auf diesem Seegrundstück blühte die Schild-und-Schwertlilie, hier hatte die Staatssicherheit reserviert. Noch im Juni 2003 beschwärmt der Hausprospekt wörtlich »die großzügig erbaute ehemalige Residenz der damaligen Obrigkeiten, wie Erich Mielke, der hier seinen Jagdfreuden nachging und bedeutende Gäste wie den heutigen russischen Präsident Putin empfing.«

Putin war als Geheimdienstchef zu Gast bei seinem Kollegen Mielke – die jetzigen Gäste sehen aus, als seien sie schon immer Teil des Inventars gewesen. Es gibt eine Stasi-Kleiderordnung, eine ostentative Berufsostigkeit bis in die Klamotten hinein; trotzig wird sie weiter vor sich hergetragen, von Frauen und Männern, die das graue Air des Zu-Ende-gelebt-Habens umweht. Auf dem Gelände des Mielke'schen Refugiums ist das Aufseherhafte präsent, etwas Wachhabendes hat überlebt. Das klandestin Verschwiemelte, wichtig Heimlichtuerische aller professionellen staatlichen Geheimniskrämerei ist noch da, genau wie die Patina aus »Goldkrone« und Lysol.

Im See schwimmt ein Rentnerpärchen und äugt misstrauisch, ob keiner was klaut – nein, ich stehle nicht, obwohl ich doch aus dem Westen bin, ich reiße mir nichts unter den Nagel. Es gibt eine Cola und ein Hefeweizen und ein paar Blicke auf die Mischung aus sehr bescheidenem DDR-Prunk und Barackismus, dann sind wir fort und fahren, dahin, wo es heller wird.

Direkt am Feldberger Haussee liegt das Landhaus Stöcker. Die 1912 gebaute Villa wurde von der heutigen Besitzerin über Jahre liebevoll renoviert, der große Garten grenzt direkt ans Wasser, es gibt sogar Badestellen, und so geht es hinein in den Haussee, ein knapp anderthalb Quadratkilometer großes Gewässer. Ein Schock Lachmöwen flattert auf, Enten gleiten vorbei, und nach ein paar Schwimmzügen taucht – flupp! – ein Haubentaucher auf, nur drei Meter entfernt. Wir bekucken einander neugierig, dann geht der Schönere von uns beiden wieder tauchen.

Im Garten wird kaltes schwarzes Bier serviert. Die Abendsonne überm See sieht aus wie mit Spiegeleigelb gemalt, am Ufer hocken die Möwen und ähneln mit ihren Schnäbelköpfen dem Dichter Joachim Ringelnatz. Freund Haubentaucher lässt sich ein zweites Mal blicken, jetzt hat er Frau und Kind dabei. Im Garten ist Rabatz, Fledermäuse fledern ledern, und die Grillen – grillen? Nein, von den Schrecken des Angrillens weiß der Grashüpfer hier glücklicherweise nichts, er singt und sirrt nur lauthals vor sich hin.

Wir verlieben uns direkt in das Zimmer mit der halbkreisförmigen großen Terrasse zum See hin. Zwei Windlichter erhellen Nacht und Terrasse, auf dem See hört man Wasservögel pladdern. Am Morgen, zum Frühstück, lachen die Möwen. Das Leben ist herrlich.

Das Gaffen der Provinz

Wer im Kaff wohnt, ist ein Kaffer, wer im Kaff wohnt, ist ein Gaffer. Und gafft also: Ungeniert starrt der Landmann an, was er für fremd hält, weil es ihm fremd ist, weil er es nicht kennt. Stieren Auges und mit offenem Halse glotzt er und senkt seinen jeglicher Scham entkleideten Blick auch nicht, wenn der vom Angestarrten kurz erwidert wird, eben damit der Starrer sein Starren unterlasse. Hilft aber nichts, es wird weiter geglotzt und die Futterluke offen stehen gelassen. Das sieht astrein beschränkt aus – fehlt nur, dass der Sabber rausläuft. In der Tierwelt wird dergleichen Gebaren als Aggression begriffen und behandelt. Aber man ist ja zivilisiert – beziehungsweise weil der Gaffer es eben überhaupt nicht ist, muss der Angegaffte es doppelt sein und ruft also nicht: »Mach den Mund zu, da kommen Fliegen rein!«, sondern lässt es sich kopfschüttelnd gefallen und sieht zu und geht seiner Wege.

Es gibt keine plausible rationale Erklärung für das Gaffen der Provinz. Die Ereignislosigkeit des Landlebens gibt es längst nicht mehr – da ist die Hölle los, da taumelt alles, wie sie es nennen, von *Event* zu *Event*. Satellitenschüsseln sieht man auf jedem zweiten Hausdach – ob sie sich das Gaffen da abkucken? Das kann auch nicht sein, denn gegafft haben sie ja vorher schon. Liegt es an Iris Berben, die den Deutschen, seltsamerweise zu deren Freude, turnusmäßig zeigt, wie wenig intelligent der Mensch mit offenem Munde aussieht? Will die gaffende Landbevölkerung also die Bereitschaft zu Cunnilingus und Fellatio signalisieren? Auch das ist nicht zu fürchten, denn die Landbevölkerung zieht zur sexuellen Triebabfuhr die Bewohner ihrer Stallungen vor. Ist es also schlicht simpelste Unhöflichkeit, die komplette Abwesenheit von natürlicher oder erlernter Feinfühligkeit?

Man weiß es nicht. Man weiß nur: Es ist einfach so. Man geht übers Land und wird beglotzt. Das ist nicht schön, aber irgendwann geht man ja vom Land wieder weg, um den einen, den einzigen Vorteil der Stadt zu genießen: das völlige Desinteresse von Kamerad Mitmensch, vor dem man halb oder auch ganz tot umfallen könnte, und der außer unappetitlich berührtem Ausweichen keinerlei Regung zeigte, jedenfalls keine menschliche - mit der täte er sich allenfalls dicke, wenn er sie irgendwie gewinnbringend losschlagen könnte. Doch kann man mit all dem nötigenfalls leben.

Nur dass man, mitten im See schwimmend, selbst vom hektisch ruckenden Paddler, Ruderer oder Schwimmer noch mauloffen angeglotzt wird, ohne den geringsten Anlass dafür gegeben zu haben, einfach nur, weil die Gaffer eben ans Gaffen gewöhnt sind, das übersteigt mein kognitives Fassungsvermögen - und meine schier unerschöpfliche Duldsamkeit. Und so sage ich: Wenn Augen nur zum Saugen taugen, dann nehmt sie weg. Nehmt sie herunter von der Welt und ihren Bewohnern. Wie ihr das macht, ist egal - nur nehmt sie weg. Schließt sie - und wenn ihr das anders nicht könnt, schließt sie für immer. Menschheit, hör auf zu glotzen. Und mach den Knabberkasten zu - es zieht ...!

Die Wespe

Ein Abschiedswort

Hart auf die Probe gestellt wird die Liebe zur Kreatur durch die Existenz der Wespe. Die Wespe ist ein Fehlgriff der Schöpfung, sie entbehrt jeglichen Charmes. Kampffliegerartig und im Rudel überfällt sie den freudig sich zur Nahrungsaufnahme anschickenden Menschen, stürzt sich unterschiedslos auf Schinken, Marmelade, Zuckerdose, Ei und Säfte und will uns den Tag vergällen. Das soll ihr nicht gelingen.

Wespen sind so eklig, sie könnten Soldaten sein. Die Wespe ist die Arschgeige der Lüfte. Heimtückisch wirft sie sich in dunkle Getränke, bevorzugt in schwarzes Bier, in dem man sie nicht sehen kann. Wer unvorsichtig zu Flasche oder Glas greift, hat seinen letzten Trunk getan – die Wespe sticht ihn in den Schlund, und er muss jämmerlich ersticken, falls nicht gerade ein des Luftröhrenschnittes kundiger Mediziner zur Hand ist.

Die Wespe lernt auch nichts dazu. Unresozialisierbar bleibt sie der Feind. Hochaggressiv kamikazt sie sich in das Gesicht des friedfertigen Mannes, der seiner Süßen gerade ein Brötchen bebuttert. Ihn wagt die Wespe zu attackieren – ihn, der sie stets partizipieren ließ an Nahrung und an Getränk, der sie, wenn sie voll rücksichtsloser Gier in seinen Fruchtsaft stürzte, vorsichtig mit der Gabel rettete und behutsam in die Luft und zurück ins Leben warf. Doch damit ist jetzt Schluss – denn die Wespe, statt den großmütigen Rettungssanitäter nun zu meiden und zu verschonen, greift ohne Umschweife wieder an. Es soll das letzte Mal gewesen sein:

Nun gibt es keine zweite Wange mehr,
der Vorrat an Geduld ist aufgezehr
t, jetzt gibt es, Wespe, richtig Stunk,
jetzt bist du fällig, hic et nunc.

In einem taktisch raffinierten Manöver zieht sich der vom Gandhi zum Molotow Gewandelte zurück und überlässt der Wespenhorde die Saftkaraffe. Versteinerten Herzens lässt er die Aggressoren ersaufen - und spült sie, dreizehn sind es, toilettenabwärts in den Hades. Versonnen sieht er ihnen nach und denkt bei sich: Ich hatte euch gewarnt; das habt ihr nun davon, ihr Unbelehrbaren, nöiiich ... Dann tritt der Held hinaus und sagt es der Welt: Dreizehn auf einen Streich - tapferes Schneiderlein, das tu mir nach!

Zweihunderttausend nasse Brote

Ende Mai 2003 kam der Ökumenische Kirchentag ungebeten zu Besuch nach Berlin

Ein Protokoll

Kirchentagschristen erkennt man sofort. Sie müssen gar keine bunten Bänder tragen – ihre losungsgesättigten Gesichter sprechen eine überdeutliche Sprache. Sandalenhaft-rucksackig und fast immer im Tross sickerten schon am Mittwoch vor dem Himmelfahrtsfeiertag die ersten Christen in die Stadt ein. Ich betrachtete sie und fragte mich still: Warum sehen die alle aus wie nasse Brote? So teigartig, knetbar und glattwangig? Die demonstrative Reizlosigkeit des Christen ist eine besonders ehrgeizige Form der Eitelkeit. Sogar der Unattraktivität verleiht sie noch etwas Selbstgefälliges.

Ich laufe keinem Christen nach, um mich anschließend an ihm zu erhitzen. Die machen ihrs, ich meins, fertig, und ich mache sogar gern einen großen, christenvermeidenden Bogen und nehme dafür Umwege in Kauf. Das Wesen des Christen aber ist es, anderen auf die Pelle zu rücken, und so liefen sie mir ständig vor die Füße. Ich bin im Laufe der Jahre geradezu bestürzend tolerant geworden – das hat mit der Einsicht zu tun, dass die Glaubetrottel aller Fraktionen die Beschäftigung mit ihnen nicht lohnen. Für wen es ein Problem ist, dass Gläubische nicht mit anderen Gläubischen gemeinsam an einer Oblate lutschen dürfen, weil die einen die Katholischen und die anderen die Protestantischen heißen, für den ist das eben ein Problem. Die Zivilisation hat sich noch nicht zu allen durchgesprochen.

Wohin ich auch floh, der Christ kam hinterdrein. An einer Ampel wurde ich Zeuge einer Ausgießung von Nächstenliebe. Ein verheiratet aussehender Mann in den Dreißigern mit orangefarbenem Kirchentagsbändchen säuselte eine schöne Frau an: »Bist du auch zum Kirchentag hier?« Die Frau sah ihn scheinbar amüsiert an, doch in ihren Augen glomm Feuer. »Sehe ich etwa so aus?«, fragte sie ihn maliziös.

Die Kreuzberger Emmàuskirche, neben der ich wohne, war für die Dauer des Kirchentags zum sogenannten »Themenzentrum« geworden. Am Kirchenportal hing ein großes Transparent: »Den Sterbenden ein Segen sein« wollten die vereinten Christen – den Lebenden jedenfalls waren sie ein Grauen. Nicht jeder reagierte auf ihren erklärten Wunsch, selbst völlig Wehrlose noch anzufrömmeln, so duldsam wie ich. Der Berliner Schauspieler Günter Pfitzmann legte sich aus Protest zum Sterben. Ich verstehe den Zorn des alten Mannes: Das nekrophile Christenverlangen kann einen schon auf die Palme bringen, und wenn es die letzte ist.

Eine Künstlerin hatte knapp hundert lakengroße weiße Stofflappen auf die Erde gelegt, um den »Opfern sinnloser Gewalt« ein Denkmal zu setzen, wie es auf einer Tafel hieß. Während mich die Frage beschäftigte, ob es eigentlich nicht auch Opfer sinnvoller Gewalt gibt und wer, wenn ja, sich eigentlich um die kümmert, entdeckte ich auf der Rückseite der Tafel einen kleinen Aufkleber: »Religion ist heilbar!« Den musste ein seinerseits unheilbarer Optimist hinterlassen haben.

Am Donnerstag wurde das Treiben an der Emmàuskirche gewaltig. Eugen Drewermann kam zum Predigen direkt vor meinen Balkon. Während der aus Paderborn angereiste Pulloverketzer nur eine Blumentopfwurfweite von mir entfernt ein paar tausend alte Tanten verzückte, erhöhte sich mein Trostbedarf minütlich. Zuverlässig fündig wurde ich bei Oscar Wilde: »Mitgefühl und Liebe zu Leidenden ist bequemer als Liebe zum Denken«, schrieb Wilde in seinem Aufsatz »Der Sozialismus und die Seele des Menschen«.

Als Drewermann endlich zu Potte gekommen war, fingen seine Fans das Singen an – ein evangelisch klingendes, halsabwärts totes Gepiepse ohne jeden Soul war zu vernehmen, und sichtlich verstörte Vögel verließen fluchtartig die Bäume. Ich stand am Herd, kochte dem närrischen Geflöte und Gepfeife draußen etwas Handfestes entgegen und überlegte, ob man, nur um des Knittelverses willen, einen Putengott und eine Flasche guten Pott in ein Ablöschungsverhältnis bringen solle. Ich verwarf die Idee und dichtete mein Küchenliedchen so:

Es war an Christi Himmelfahrt
Herr Jesus wurde zart gegart
Und blubberte im Sud.

Ich hatt' ein schönes Tier gekocht
Das haben alle sehr gemocht
Das Tier war nämlich gut.

Das war im Mai zweitausenddrei
Mit Kirchentag und Kitsch dabei
Fünf Tage in Berlin.

Was war ich gut zum Gottessohn
Ich garte ihn für Gotteslohn
Und ließ den Jesus ziehn.

Während der sich also hinzog und ich meinen Besuch erwartete, rekapitulierte ich die Begegnung mit Ernst Benda, Mitglied im Präsidium des Deutschen Evangelischen Kirchentags, in seinem Haus in Karlsruhe-Durlach am 27. August 2002. Das evangelische Monatsmagazin *chrismon* hatte ein Gespräch zum Thema »Witze über Gott« organisiert, es moderierte der Redakteur Axel Reimann, auf dessen Karte als Berufsbezeichnung »Editor's Desk« stand, Schreibtisch des Herausgebers, was ich, gerade für eine christliche Zeitschrift, reichlich hart und grob verdinglichend fand. Außer dem Herausgebertisch Reimann war ein Fotograf samt Assistenz angereist, es war ein warmer Tag, die Angelegenheit dauerte drei Stunden – in denen Ernst Benda seinen vier Gästen kein Glas Wasser anbot, keine Tasse Kaffee – nichts, nada, nullkommanichts. Auf christliche Nächstenliebe ist gepfiffen, ihre Tugut-Selbstdarstellung können die Jesuslatscher für sich behalten. Wer aber die gute alte Gastfreundschaft nicht kennt, die so viel älter ist als aller Christenkrempel, der muss sich fragen lassen, was er auf dieser Erde eigentlich so macht.

Auch Kirchentage gehen vorbei. Dann fahren die Christen wieder in ihre jeweiligen Heimaten und erhöhen dort die Nassbrotdichte. Wenn mich einmal hungert und dürstet, dann weiß ich, an welche Türen ich nicht klopfe.

Skandalwurst mit Pinkel

Gemein: Michel Friedman machte proletig von sich reden, und Jürgen Möllemann durfte das nicht mehr erleben

Jürgen Möllemann hätte sich tot geärgert, wenn er es nicht schon gewesen wäre. Sein Feind Michel Friedman stürzte ab, und er konnte das nicht mehr miterleben. Eine gute Woche zu früh hatte sich Möllemann von der Reißleine gelassen – war das nur schlechtes Timing, oder doch die »Tragödie«, zu der ein *Spiegel*-Nachruf den Tod des Politikers aufbauschen wollte? Fest steht: Möllemanns Abgang war reichlich überstürzt.

Voller Genugtuung hätte der Mann sich die Pranken reiben können. *Bild*, das perverseste Blatt Deutschlands, titelte am 14. Juni 2003: »Kokain! Wie krank ist Michel Friedman?« So krank wie *Bild*-Chefredakteur Kai Diekmann? Mit dem teilt Friedman immerhin den Frisurgeschmack: Hauptsache feucht und fettig, das finden sie dann schön. *Bild*-Kolumnist Franz Josef Wagner hätte endlich die Gelegenheit ergreifen können, das Heucheln fahren zu lassen. Der geeignete Titel für eine Friedman beispringende »Post von Wagner« hätte lauten müssen: »Briefchen an Friedman«.

Gerede über Hotelsuitenexzesse Friedmans mit Kokain und Prostituierten gab es spätestens seit Sommer 2002. Sensationell oder überraschend war das nicht gerade, denn Friedman stellte seinen Aufsteigerabgeschmack permanent öffentlich zur Schau. Im Fernsehn zeigte er sich als geriebener, aufdringlicher Gastgeber, der seinen Gästen wurstpelleneng zu Leibe rückte und seine Distanzlosigkeit als menschliche Nähe ausgab. Der outrierte Lackel war eine perfekte *Gala*- und *Bunte*-Existenz, der auch die richtige Lebensgefährtin hinzugecastet wurde: Bärbel Schäfer, die aus Gründen der eigenen Profession für wirklich jede TV-Peinlichkeit Verständnis aufbringen musste – die aber während Friedmans Kokain-Affaire, laut *Bild*, »Trost bei ihrer Mutter« suchte. Friedman steht auf Nutti, Schäfer heult bei Mutti: das deutsche Drama, eine Schmierseifenoper.

Mit angeblicher großer Welt prahlte Friedman, renommierte aufstreberhaft herum und zeigte vollproletig die Insignien seines Nachvornekommens vor. Analog banal ist auch die Substanz, die Friedman sich wie Millionen andere einpfiff: Nasenata. Das Zeug macht flatterzüngig, laberig und genauso anstrengend und plakativ, wie Friedman sich im Fernsehkasten präsentierte. Eingesogen als Marschierverpflegung, als Energielieferant und Außenbordmotor, bläht es den Kokskopf auf; unangenehme Demonstrationen von Größenwahn sind quasi unvermeidlich. Wer unter Vollgekokste fällt, kann sich vor ganz dollen Hechten nicht mehr retten. Kokain ist das Zeug, das Angeber und Schreihälse weiterschiebt. Dabei ist doch eigentlich logisch, dass ein enthemmtes Würstchen naturgemäß unangenehmer ist als ein nicht enthemmtes.

Für die Birne, soweit vorhanden, ist Nasenata gar nicht gut. Michel Friedman fand es offenbar lustig, seine telefonischen Bestellungen unter dem Pseudonym Paolo Pinkel aufzugeben – Paolo Pinkel, harr harr. Dem Proletigen ist das Toilettige zugehörig – und Koks wird ja bevorzugt von Klosettdeckeln in die Nasenlöcher gezogen. Das Stilfreie gibt sich gern verrucht, riecht aber bloß nach Lokus.

Nicht interessant, aber immerhin fair wäre es gewesen, wenn all die Jungschriftsteller, Schauspieler, Musiker, Medienmutanten, Gastronomen und Kulturbetriebsnasen bekannt hätten, was sie sich dann und wann oder habituell antun: sich das Koks reinschaufeln wie die Besengten und das dann genauso toll finden wie sich selbst. Man hätte erstens eine plausible Erklärung dafür gehabt, warum sie einem alle penetrant auf den Wecker fallen, und zweitens hätte Michel Friedman nicht allein und nackt unter Heuchlern gestanden. Mit dem Pulver, das in Deutschland an einem Wochenende durchgezogen wird, könnte man sämtliche Fußballplätze eines Bundesligaspieltages abkreiden – zweite Liga inklusive. Koks ist so doof, das müsste es eigentlich bei Aldi geben.

Wo auch die Kokser des Kultur- und Medienbetriebs zügig vor Anker gehen sollten, um von nun an auch ganz offiziell zu fabrizieren, was sie bislang unter falscher Flagge firmieren ließen: Aldi-TV. Den Anfang macht ein Artist formerly known as Michel Friedman unter seinem wahren Namen Paolo Pinkel – ein Strizzi und Schmieri, der geeignet ist, alle anti-sizilianischen Ressentiments der Welt zu mobilisieren. Sein erster Gast möge der exhumierte Jürgen W. Möllemann sein, zum Beweise dessen, dass Friedman stets derselbe gerechte Lohn für Möllemann war, den Möllemann umgekehrt ihm auszahlte.

Elf Frauen sollt ihr sein

Zeitunglesen ist selten ein erhellendes und vergnügliches Geschäft, aber dann gibt es Tage, die sind wie weiße Seide. Bei einer Razzia in einem Düsseldorfer Hotel im August 2003 wird der Maler Jörg Immendorf mit einer Schaufel voll Kokain und neun Prostituierten erwischt; eigentlich waren elf Damen einbestellt, aber zwei hatten sich verspätet. Elf Frauen und ein Mann – was machen die zusammen? Wollten sie Fußball spielen? Oder Karten? Macht Malen einsam? Ich möchte das alles wissen.

Nahezu zeitgleich trat ein ganz anderer Mann auf, dem hartnäckig der Ruf des Kokainisten anhaftet: Ronald Barnabas Schill versuchte sich in Hamburg als Erpresser seines Bürgermeisters Ole von Beust und wurde deshalb gefeuert. Das ist zugegebenermaßen weniger interessant, als die Vorgänge um Jörg Immendorf es sind, und das Sexualleben eines CDU-Politikers, der mit Schill gemeinsame Sache machte, scheint auch nicht eben prickelnd. Dumm fickt eben nicht gut, sondern dumm. Erst nach zwei Jahren will Ole von Beust bemerkt haben, dass Schill »charakterlich nicht geeignet« war, Innensenator Hamburgs zu sein; der Mann hat eine ziemlich lange Leitung. Ronald Schill aber ist die reine verfolgende Unschuld: Mit einer schmutzigen Politik, in der Erpressung kein legitimes Mittel sei, wolle er nichts mehr zu tun haben, schluchzte er. Schills Zwangsrücktritt ändert allerdings nichts daran, dass Hamburg von einer Bande ausgemachter Esel regiert wird.

Für Schill gibt es neue Aufgaben, ihn ruft der Vatikan. Der römische Chefmullah Joseph Kardinal Ratzinger berief Schill in seinen Beraterstab. Der Petersdom ist ein bewährter Container für Finsterlinge jeder Art; Schill ist dort bestens aufgehoben. Aus Kreisen, die sich für fortschrittlich halten, ist leider schon wieder der notorische Reflex der Empörung zu vernehmen, der in seiner Pünktlichkeit weit mehr nervt als etwa Ratzingers hinlänglich bekannte Bemerkungen über Homosexuelle. Der Kardinal, der in Rom die Lauerstellung auf den Papstposten bezogen hat, ist der Chefideologe der Anti-Aufklärung. Warum soll man ausgerechnet von ihm Vernünftiges erwarten? Er ist angetreten, aggressive Unvernunft militant zu verbreiten. Das ist seine Arbeit, die macht er, und man muss schon sehr schlicht gestrickt sein, um das empörend zu finden.

Im Gegenteil: Es ist gut, dass Ratzinger das Wesen seiner Religion ungeniert entblößt – man weiß, mit wem man es zu tun hat, und hat deshalb nichts damit zu tun. Um wie viel öliger sind all die Motorradpfarrer, Bluesmessenleser, Rockdiakone und Kolumnistenchristen, die sich mit einer Weltoffenheit tünchen, die sie im Ernstfall doch nie haben. Nicht nur so gesehen sind Modernisierungschristen immer noch eine ganze Ecke weniger erträglich, als ein halsstarrig menschenfeindlicher Gotteskrieger wie Ratzinger es ist – der nun mit seinem Bruder Barnabas Domino spielt, oder Domina, oder was immer, mir ist das egal.

Ich bin noch immer absorbiert von der einen Frage: Was machen elf Frauen mit einem Mann?

Frau Óh lá lá singt so lala

Jane Birkin im Kammermusiksaal der Berliner Philharmonie

Die Karte für Jane Birkin schenkte ich mir selbst. Ich habe Geburtstag, und Jane Birkin singt für mich, wow!, so summte es in meinem Kopf herum. Ich holte meinen besten Anzug aus der Reinigung und das weißeste Hemd aus dem Schrank und fuhr zum Kammermusiksaal der Philharmonie. Jane Birkin – ein weibliches Idol meiner Jugend! Von Tuten und Blasen keine Ahnung haben und sie mit Serge Gainsbourg »Je t'aime« singen und hauchen und stöhnen hören, o ja ... Im Foyer reißt das Publikum mich aus den Träumen. Die Herren sind im Schnitt einen Tick zu modisch gekleidet, die Damen eine Idee zu gewollt gewagt, insgesamt wirkt alles etwas kunstfranzösisch bis frankophil, ein bisschen kulturhomosexuell. Egal – ein Glas Champagner im Foyer auf meinen Geburtstag, auf Jane Birkin und auf unseren ersten gemeinsamen Abend gehoben, und dann geht es in den Saal.

Eine Viertelstunde muss man warten, mehrere Versuchsapplause sollen Frau Birkin locken, doch zunächst erscheint eine Petra Den-Nachnamen-weiß-ich-jetzt-nicht-mehr von Radio Multikulti, begrüßt alle und spricht von dem, was kommen wird: »Zart« sei das, auch »tanzbar«, und »Lieder« werde es geben, »die zum Träumen einladen«. Das klingt nach Poesie-Schi-Schi, aber das Sanso-Gerede muss ja überhaupt nichts mit Jane Birkin zu tun haben. So leicht lasse ich mich nicht ins Bockshorn jagen.

Jane Birkin und ihr Pianist, beide ganz in Schwarz, betreten die Bühne – sie trägt neckische Schläppchen, und der Pianist tritt dem Flügel in Puma-Turnschuhen zu nahe. Das sieht nicht lässig aus, sondern eher etwas schäbig. Frau Birkin hingegen zeigt ein sehr hübsches kleines Bäuchlein vor, die Haare sind hochgesteckt, sie sieht hinreißend aus, fein und filigran bis in die Schlüsselbeinchen, und sie lächelt, nein: strahlt wie ein Scheinwerfer. Sie singt Gainsbourg, die Lieder sind gut, der Trommler, der Gitarrist und der Geigenspieler, die sich zum Turnschuhpianisten gesellen, verstehen ihr Handwerk, zu den arabischen Rhythmen wiegt Frau Birkin sich in den Hüften, dreht sich, eine Hand aufs Bäuchlein legend, um und um, tänzelt im Kreise, und wenn ein Lied aus ist, küsst sie ihre Musiker oder manchmal auch nur einen von ihnen.

Sie spricht gut von Gainsbourg und hat dabei gar nichts Künstlerwitwenfieses an sich, wie man das beispielsweise von Yoko Ono kennt. Einige der schönsten Dinge, die ein menschliches Wesen einem anderen menschlichen Wesen schreiben könne, habe Serge Gainsbourg für sie geschrieben, sagt sie, und sie sei stolz darauf, dass ein Teil davon wirklich für sie war. Das klingt unaufdringlich klug. Dann wieder wird sie so künstlich ein Mädchen, dass die sensorische Apparatur klingelt und es ihr nicht glauben kann. Es ist, als spiele sie nicht dem Publikum, sondern sich selbst dieses Mädchen vor. Sie kniet sich auf den Boden, kauert, erzählt von einem Neffen, einem jungen Musiker, der bei einem Autounfall starb, mit seiner Band, »er war 20, sie waren alle 20«, sie hat eine Lesebrille auf und bittet um »anderthalb Minuten Ewigkeit« für ihn und liest ein sehr zwanzigjähriges Gedicht von ihm vor. Es ist persönlich gemeint, es soll berühren, man merkt das.

Sie macht neckische Ansagen, animiert zum Tanzen, spricht von einem Auftritt in einer deutschen Stadt, die an einem deutschen See liegt, »What was it called? –

Dsürick!«, hahaha. Dann ist sie wieder tssart wie Hakle, ein Gänschen, bedankt sich ganz lieb für die freundliche Aufnahme und lächelt und lächelt.

Von Scheinwerfern in Rot getaucht sitzt sie affektiert am Boden, der Blick wird tragisch, nun will es ernsthaft grässlich werden. Das Licht wird blau, die Stimmung schwenkt von bleu nach blöd. Jane Birkin tanzt mit dem geigenden Geiger, und immerzu strahlt sie wie kontaminiert, als sei der Geiger kein Geiger, sondern ein Geigerzähler und sie ein kleines Atomkraftwerk. Sie lächelt seelchenhaft wie einst Maria Schell, es ist nicht auszuhalten, dieses Lächeln und Strahlen. Der Dreck, den Gainsbourgs Lieder genuin in sich tragen, ist fort, Jane Birkins Stimme piepst ein bisschen, in den hohen Lagen zittert sie, das Tremolo klingt unfreiwillig, da ist die Luft sehr dünn, Frau Óh lá lá singt so lala, und all die geschmackvollen Arrangements sind nach einer guten Stunde nur noch unerträglich geschmackvoll. Heimlich, still und leise verlasse ich den Saal und springe in die wirkliche Wirklichkeit, die mich mit königlicher Rohheit begrüßt und entzückt.

Die Erotik des Rentensystems

Das Letzte von Günter Grass

Die Alten sind ins Gerede gekommen. Ein Schnösel von der Jungen Union, der im Sommer 2003 die Ausgabe von künstlichen Hüftgelenken für alte Leute rationieren wollte, löste damit zwar zunächst die erwartbare rhetorische Empörung aus. Doch was das zweifelsfrei im Reagenzglas gezeugte Weichgesicht von sich gab, war der asoziale Konsens von morgen Mittag: Sterbt schneller, ihr kostet! So ist das Leben im Konsumismus, wenn keiner ihn bremst.

Man soll aber nicht leugnen, dass es schreckliche Alte gibt, die einem auch die kleinste Bekundung von Respekt völlig unmöglich machen. Wer Jürgen Drews zusieht und nicht über Notschlachtung nachdenkt, ist entweder erleuchtet oder sonst nicht bei Trost. Eine andere Altlast ist die Nazicke Leni Riefenstahl*; auch die Sanges- und Gesinnungsbrüder Karl Moik und Heinz-Rudolf Kunze haben das Recht auf Ruhestand ebenso erworben wie der unwürdige Hellmuth Karasek.

Der Gipfel aller spezifisch senilen Belästigung aber ist Günter Grass. Grass ist der Grässlichste, er schlägt sie alle. Der aufdringliche Kaschubiak krabbelte seiner deutschen Nation mit der Novelle »Im Krebsgang« an die Hämorrhoiden und erneuerte die erste Forderung aller

* Dieser Text erschien in der taz vom 29. 8. 2003, also wenige Tage vor Riefenstahls Tod am 8. 9. 2003; ich bin sicher, dass sie ihn las und ihn, in einem raren Fall von Altersweisheit, beherzigte – es wäre mit Sicherheit das einzig Vernünftige gewesen, das sie in ihrem Leben tat.

Sozialdemokratie: Wir dürfen die Nazis nicht den Rechten überlassen! Ende August 2003 gab Grass dem *Spiegel* aus seinem Buch *Letzte Tänze* Texte zum Vorabdruck, die fälschlich als Gedichte ausgegeben wurden, doppelt falsch sogar als erotische Gedichte. Eins der Teile heißt »Ein Wunder« und geht ungekürzt so: »Soeben noch schlaff und abgenutzt / Nach soviel Jahren Gebrauch, / Steht Er / – Was Wunder! / Er steht –, / Will von dir, mir und dir bestaunt sein, / Verlästert und nützlich zugleich.«

Früher traf Günter Grass den Free-Jazz-Schlagzeuger Günter »Baby« Sommer; Grass las, Sommer klapperte. Das war schon scheußlich genug, aber verglichen mit dem halbsteifen Gipfeltreffen zwischen Grass und seinem Schwanz doch eine erfreuliche Begegnung. Grass aber, vor Greisengeilheit ganz aus dem Häuschen geraten, legt das Rohr noch weiter vor. »Schamlos« ist ein besonders krudes Gestammel betitelt – es ist hier abermals ungekürzt zitiert: »Wie Tiere / Leckten wir uns / Und fanden später – / Satt und matt – / Mit selbiger Zunge / Zivil geordnete Wörter, / Einander die Welt zu erklären: / Den Anstieg der Benzinpreise, / Die Mängel im Rentensystem, / Das Unbegreifliche / Der letzten Beethoven-Quartette.« Das schreibt sich Günter Grass alles ganz allein.

Günter Grass, das ist Literatur als Strafe, als Rache an der Schönheit der Welt, an der er nicht teilhat – Altpapier schon vor dem Druck. Wie kann man über etwas so Schönes so eklig schreiben? Grass kann nicht anders, denn genau so geht es offenbar zu bei ihm: Hier wird das Ortsvereinsgedrömmel danach gepflegt, hier doziert der Dichter nach Vollzug über Mängel im Rentensystem und Benzinpreise, und am Ende wird noch mit Kultur und Bildung und Beethoven gehubert. Wer so schreibt, vögelte sein Leben lang so. Fast könnte man Mitleid haben, aber dazu ist es zu abstoßend.

Wer immer dafür zuständig ist – und in diesem einen Fall wäre ich ausnahmsweise auch mit dem lieben Gott einverstanden –, schütze uns vor der Geißel der Altersgeilheit. Und erlöse alle, die öffentlich an ihr leiden.

P.S.: Wo Günter Grass für einen Dichter gilt / Da liest man *Spiegel, FAZ, ND* und *Bild*. Marcel Reich-Ranicki eröffnete in der *FAZ* vom 30. 8. 2003 seine Rezension über Grass und seine »Letzten Tänze« so: »Wir sind mit ihm alt geworden, wir sind mit ihm jung geblieben.«

Wenn einer sich mit 83 Jahren selbst das Seniorenbeschwichtigungslätzchen »jung geblieben« umbindet, dann ist das unzweifelhaft das Ende. Dann ist im Kopfe Schlussi / Wir gratulieren: Bussi!

Lyrik für Chefs

Dieses lehren uns die Schlichten:
Freundlich lächeln. Weiterdichten.

Der Herr Elber fällt von selber

Im Dortmunder Westfalenstadion

Freund Fritz Eckenga nahm seine Freundin
und brauste sie zum Ski nach Zermatt.
Das war sehr gut, auch weil dieser Freund in
Dortmund ein Häuschen mit Hinterland hat,
im Grünviertel Gartenstadt.

Eine Stunde vor dem Spiel Borussia Dortmund gegen Bayern München am 19. 4. 2003 wurde es das erste Mal eng: Das Taxi wartete, die freundliche, aber argwöhnische Nachbarin meines Gastgebers, die den Haustürschlüssel verwahrte, wollte wissen, zu wem ich hielte. Ich zeigte auf die kleine schwarz-gelbe Nadel am Revers, bekam daraufhin den Schlüssel, öffnete, warf Gepäck ab, fand auf dem Küchentisch die Karte für Borussia gegen Bayern – und einen kurzen Brief: »Dein Auftrag – drei Punkte.« Ich zitierte im Geiste Percy Stuart: »Gentlemen, ich werde mein Möglichstes tun«, verneigte mich kurz, und dann ging die Jagd gleich weiter: In der Gaststätte »B-Trieb« auch als Nichtbiertrinker das rituelle Glückspils und trotz der grundwahren Regel »Frikadelle ist Vertrauenssache« eine Boulette mit Sempf nehmen und so Gelbes mit Schwarzem verbinden, dann zum Stadion stapfen, im Aggregatzustand Fußball-ist-Nervosität, den Kopf voller Erinnerungen: Am 1. Oktober 1995, zum ersten Mal überhaupt im Westfalenstadion, sah ich, damals mit Gastgeber Eckenga auf der Südtribüne stehend, das 3:1 gegen Bayern München. So lange ist die Initialzündung einer Liebe her, die seitdem mein Portemonnaie plündert, wie sie mein Leben bereichert.

Siebeneinhalb Jahre später werden direkt vor dem Spiel die Stehplätzler auf der Dortmunder Südtribüne von einem schreiheiseren Laudator als »die besten Fans der Liga« geehrt. Während ich mich noch frage, was mögliche Kriterien bei der Wahl zur besten Anhängertruppe sind – maximale Hingabe? Oder doch bloß die geringste Dichte an Idiotendelikten? –, sucht sich nach dem Gewinn der Seitenwahl Bayern-Kapitän Oliver Kahn für die erste Halbzeit das Tor vor genau dieser Südtribüne aus. Ein mittlerer Bananenregen geht auf ihn herab, erzeugt von Anonymfeiglingen der Sorte alle gegen einen. Kahn entfernt das an ihn verschwendete Obst, aus der Südtribüne hört man dumpfes: »Uuh-uuh-uhh!«, später auch, wie in jedem Bundesligastadion: »Arschloch! Wichser! Hurensohn!«

Nichts gegen Beschimpfungen, aber so einfallslose? Bah. Wem nichts einfällt, der kann sich von Käpt'n Haddock inspirieren lassen: »Sie Gurkensalat!« oder »Sie Logarithmus!« sind doch schon sehr schön, darauf kann man aufbauen. Die Welt der Pilze stellt uns ebenfalls großzügig Invektiven zur Verfügung: »Gehen Sie mir aus den Augen, Sie Flaschenbovist!« Auch Freunde des Duzens können in der Welt der gnubbeligen Waldbewohner fündig werden: »Knie nieder und bereue, eitriger Wulstling!« Das kaugummimahlende Mehr-leisten!-Monstrum Oliver Kahn mit seiner animalischen Gebärdensprache ist unsympathisch bis über die Grenze zur Widerwärtigkeit hinaus. Beim Verfertigen dessen, was der Mann für den Ausdruck von Freude hält, reißt er die Jubelklappe so auf, dass er sich die nächste Darmspiegelung sparen kann. Vom Maul bis zum Skrotum ist die Bestie Kahn zu besichtigen. Doch auch für Extremfälle wie Oliver Kahn gilt: Gegen das, was sich mit der Anmutung eines Lynchmobs formiert, muss man alles verteidigen.

Der Ausgang des Spiels ist bekannt, Dortmund gewinnt durch einen von Amoroso kurz nach seiner Einwechslung verwandelten Handelfmeter mit 1:0. Postwendend lässt sich Bayern-Stürmer Giovane Elber mehrfach theatralisch im Dortmunder Strafraum fallen, hat Glück, dafür kein Schwalbengelb zu sehen, pöbelt noch und macht sich zum Zweizeiler: Nur die allerdümmsten Elber / fällen sich im Strafraum selber. Und wird deshalb wo seine Fußballkarriere beenden? Genau: in Wuppertal-Elberfeld, harr harr.

Am Ende stiefeln die Dortmunder Anhänger zufrieden von dannen. Munter und zahlreich zwitschert der Freund im Gefieder ihnen zu, Flieder duftet, Magnolien blühen, und das Glück wird allein getrübt durch den Anblick zahlreicher Herren, die das Urinieren in die Rabatten für anbietbares Betragen halten. Insgeheim widme ich meinen Nachhauseweg dem Ringen gegen die öffentliche Harnschleuderei – so werde auch ich zum Ostermarschierer. Im Kühlschrank meines Gastgebers finde ich für die unterwegs noch besorgte Ritualbratwurst ein Glas mit der Aufschrift »Schwerter Senfmühle«. Ich ändere sie in »Schwerter zu Senfmühlen!«, tunke ein, und dann ist endlich Frieden.

Ein schöner Elchundselberwelch

Die Bibel für Agnostiker: F. W. Bernsteins gesammelte Gedichte

Im Nachwort seiner grandiosen Asphalthaíkusammlung »Fallende Groschen« schreibt der Dichter Uli Becker: »Den Witz bei Schwarten habe ich nie kapiert. Paar hundert Seiten am Stück wegputzen, was soll das? Der oft beteuerte Reiz des Schmökerns, des trancehaften Seitenfressens war mir von Anfang an fremd und ist es bis heute geblieben. Dieser sprichwörtliche lange Atem linearer Erzählprosa, ach du Elend! Warum lesen die Menschen so etwas, freiwillig, lassen sich dummschwätzen von einem schamlos vor sich hin rhabarbernden Schwall? Eine Frage der Erwartungen, fürchte ich, die man ans Buch und seine Funktion hat – und da steht ganz obenan wohl der Wunsch nach Abschalten, dem mit der Fernbedienung allein nicht zu genügen ist.«

Noch kürzer weist F. W. Bernstein das Diktat von Schwarte und Schinken zurück – in seinem Vierzeiler »Die bildenden Künste«: »Wichtig ist das Kleinformat / weil's uns was zu sagen hat. / Große Bilder zeigen / Farb und Form und schweigen.« Im Herbst 2003, erstmals und endlich, erschienen die Gedichte von Bernstein nicht im Kleinformat, sondern edel, hilfreich und prall: 600 Seiten »Die Gedichte: / Das heißt in diesem Falle / alle!«

Elegant in rotes Leinen gebunden kommt das daher, ein Gebet- und Gesangbuch für versfrohe Agnostiker. Sollte ich jemals in die Verlegenheit kommen, einen Schwur ablegen zu müssen – auf diese, auf die Bernstein-Bibel legte ich meine Hand. Denn Bernsteins Gedichte sind entzückend, sie schimmern und leuchten. »Dichterliebe« heißt eins: »Kafka liebt die Sprache und / hat dazu auch allen Grund«. Wie? schon fertig? Ja, und das ist ja das Hinreißende: In 14 Silben die Welt – da scheint der Haíku, der alte Siebzehnsilber, ein vergleichsweise langer Riemen.

Dieses Gedicht von F. W. Bernstein kennt jeder: »Die schärfsten Kritiker der Elche / waren früher selber welche«. Das ist F. W. Bernstein: ein schöner Elchundselberwelch, ein Molchundselbersolch, ein Spieler, dem sich die Sprache hingibt, der sie aber, und das macht ihn ganz einzig, nicht immerzu nur gefällig und fügsam haben will, sondern brüchig, sperrig und voller Überraschungen. Da wird sogar ein Wortkonstrukt und -getüm wie »Die SOLLBRUCHSTELLE« zu Leben und Klang erweckt: »ZAPP – / genau da bricht er ab.«

Tiere kennt er inwendig, als Zeichner wie als Dichter: die, tätä!, ins Französische übersetzte »Wachtel Weltmacht«, den Ordinärbär, den er »Putzimutzipetzigeil!« rufen lässt, und, posthum, den Dodo, auch ihn hundertprozentig frei von Rührseligkeit mit Tieren. »Dodo tot?«, fragt Bernstein und antwortet: »Der Dodo hat uns verlassen? / Hat wohl nicht alle Tassen / im Schrank! // War wohl schon ziemlich vertrottelt. / Dodo ist ausgerottelt? / Vielen Dank.«

Bernstein kann alles, alle Tonfälle und Formen, alle Vögel alle, und ausgelassen herumdameln und albern sein und einen schönen »Waldunsinn« zusammendölmern sowieso: »Pü Reh rennt wiehernd durch den Tann, / weil es sich selber melken kann. / Das Veilchen platzt; die Nelken welken, / sie können sich nicht selber melken. / Pü Reh tut weiter wiehern, / statt sie zu erziehern.«

Keine erahnbare Pointe rührt der Dichter F. W. Bernstein an, denn das Naheliegende ist ihm fern. Lyrische

Steilvorlagen von Robert Gernhardt, Eckhard Henscheid und Volker Kriegel nimmt er auf und vollendet, elegant bedient er Horst Tomayer, Eugen Egner, Vincent Klink und Freund Auflauf in der Bratenröhre. Dass die Literaturkritik – so sie ihn überhaupt zur Kenntnis nimmt – Bernstein als milde und harmlos wegsortiert, sagt viel über die Literaturkritik und gar nichts über Bernstein, der auch noch das armstarken Schreiern anheimgefallene oder sonstwie brach liegende politisch radikale Feld bestellt. Die allseits händeringend beschworene wie gratis geächtete »Gewalt« wird von Bernstein angstlos und kühlen Kopfes betrachtet: »Die Gewalt im Allgemeinen / muß der Bürger strikt verneinen / sonst kriegt er eins auf den Hut / bis er sie verneinen tut // Im Besondren hilft Gewalt / in so manchem Sachverhalt / Mit Gewalt fällt manches leicht / was man ohne schwer erreicht // Nur mit Schlägen kriegst Du ein' / Nagel in die Wand hinein / Nur mit Sanftmut kannst Du ihn / schwerlich wieder rauseziehn // Hört das Fänsän nimmer auf / nimm den Hammer und hau drauf« – und so wunderbar immer weiter.

Wo Bernstein hindichtet, wächst kein Blödsinn mehr, kein Kitsch. Wer ihn aber zu lesen versäumt, hat den Salat und kommt darin um: Im Oktober 2003 feierte die Heldenstadt Leipzig auf riesigen Plakaten sich und ihren Oktober 1989 als »Wunder biblischen Ausmaßes«. Du kriegst die Tür nicht zu – haben sie es nicht noch ein paar Nummern größer? Warum der hybride Eigenweihrauch? Weil es im deutschen Herbst 1989, wie es heißt, »keine Gewalt« gab. Nicht einmal Schlüsselgewalt?

Bernsteins »Patriotie« ist ein Vorschlag zur Güte, dessen Humanisierungskraft alles schlägt, was deutsche Schwer- und Dickdenker zustande bringen; kürzer und sternenhelle formuliert ist das sowieso: »Das Wichtigste liegt in der Mitte! / Bitte: / Streich weg das DE und am End das AND: / DEUTSCHLAND wird hiermit UTSCHL genannt.« Wenn das wahr würde, ein zauberhaftes Land könnte das werden, und F. W. Bernstein, auch wenn er's gar nicht wollte, wäre König, dichtete fein und leise heiter weiter. Das tut er aber ohnehin – und liest dem von ihm exakt als »Büchnergreis« identifizierten Schirrmacher-Geschöpf und Maultrommler Durs Grünbein gut gelaunt die Leviten:

»Was gibt's denn da zu lachen – wenn isch da was merk / O Lyrik gar nicht schwierig ist Dein Werk / Das läuft von selbst in hundert Hinterzommern / Verdammt! Vertippt! Doch Hinterzommern bleibt! / In hundert Jahren sind wir alle hin / Und Blasen steigen aus den Essensresten / Hans Magnus Essensrest – halt stopp, das wird gestrichen / Wer stochert hier in meinen Lottozahlen / das Gähnen wird verboten und die Zusatzzahl / So steht's in dem Gedicht NACH DEN SATIREN / Der Letzte macht das Licht aus. Keiner lacht. / Wenn jeder Witz erzählt ist. Gute Nacht.«

Wer danach immer noch den Weltuntergangszwang hat, kommt ins Bernstein'sche »Apokalypsen-Programm«: »Montag geht die Welt zugrunde / Dienstag regnet's und ist kalt / Mittwoch um die zehnte Stunde / wird kein Geld mehr ausgezahlt // Donnerstag nur Feuersbrünste / Freitag früh ist Jüngster Tag / Samstag Ende aller Künste / und zwar ZACK auf einen Schlag // Sonntag herrscht dann endlich Ruhe / und die Straßen wüst und leer / auf der Post noch ein Getue / Pst – nun ist auch das nicht mehr«.

O HErr, lass diesen Elch niemals an mir vorübergehn!

Olivenstampede im Käsecorral

Das Beste von Gestern sind Western

So dumm ein Befehl ist, so hartnäckig hält er sich. »Mit Essen spielt man nicht«: Fast ungläubig hörte ich eine junge Mutter das sagen. Sowas gibt es noch? Ja, sowas gibt es, wenn es durchgereicht wird. Als kleines Kind hat sie den Befehl empfangen, 25 Jahre später gibt sie ihn lupenrein unverfälscht an ihr Kind weiter: »Mit Essen spielt man nicht.« Sie sagt das ganz automatisch; dass ihr der Befehl selbst nie gefiel oder einleuchtete, spielt keine Rolle, er ist verpflanzt, er sitzt, sie kann ihn aus dem Eff-Eff, wie man so sagt, sie beherrscht ihn im Schlaf und ganz unreflektiert, weil der Befehl ja sie beherrscht, und so lässt sie ihn auf ihr Kind herniedergehen, so lange, bis er auch dort eine Heimat gefunden hat.

Dabei kann man mit Essen wunderbar spielen – wie mit Sprache, mit Matsche, den Geschlechtsorganen, mit was auch immer. Wer die Welt nur sieht und hört, macht sie sich nicht zu eigen – man muss sie auch beriechen, belecken und befummeln, sonst bleibt sie fern. Dass Sand und Pípí nicht gut schmecken, kann nur beurteilen, wer davon wenigstens einmal kostete. Wenn man in einem fremden Treppenhaus einen bestimmten Kohlgeruch in die Nase bekommt, weiß man, dass man es mit Armut zu tun hat, ohne sie gesehen haben zu müssen.

Das Lieblingsessen auf dem Teller lädt nicht nur zum Spachteln ein. Kartoffelbrei und Soße sind eine großartige Kulisse für den Abenteuerfilm »S.O.S. am Burundi-Stausee«. Dramatisch drücken die schlammigen Wasser gegen den Rand des Staudamms. Wird er halten? Oder wird all das unschuldige Kleingemüse unten im Tal jämmerlich ersaufen? O weh, schon sieht man die ersten Risse im Damm, die Soße scheint sich ihren Weg hindurchzubahnen, starr vor Entsetzen sind Schwarzwurzeln, Möhren und Erbsen, doch dann, in letzter Sekunde, kommt Bert Bratenstück, der schwarze Vorarbeiter, und wirft sich dem Strom der Vernichtung entgegen. Gerettetet, hurra! Das Gemüse wird in der Mundhöhle in Sicherheit gebracht, Brei und Soße werden ebenfalls sukzessive verdrückt, und am Ende geht auch Bert Bratenstück, Held hin oder her, den Weg allen Fleisches: zerkaut den Speiseschlauch hinab. Das ist nicht nur aufregend und lecker zugleich, sondern auch die richtige Antwort auf alle protestantisch motivierten Versuche, ein schlechtes Gewissen herbeizuerpressen: »In Afrika hungern die Kinder, und du spielst hier mit dem Essen.« Ja, genau, und das schadet der Welt und ihren Bewohnern so, wie ein schlechtes Gewissen ihnen nützt: überhaupt nicht.

Gisela Güzel und ich saßen in meiner Küche beim Abendbrot. Ich hatte kurz zuvor im Kino noch einmal John Fords Western »My Darling Clementine« gesehen und berichtete fasziniert von Film und Personal: von Walter Brennan, dem grundbösen Old Man Clanton, der seine Söhne peitscht und ihnen befiehlt: »If you pull a gun, kill the man!«; von Victor Mature, dem verzweifelten Doc Holliday, schön und dem Tode geweiht wie seine Geliebte Chihuahua, die von Linda Darnell gespielt wird; von Henry Fonda als Wyatt Earp, der den Mord an seinem jüngsten Bruder rächt – die ganze Legende von der Schießerei am OK-Corral breitete ich noch einmal aus. Gisela Güzel schnitt unterdessen ein Stück Manchegokäse in rechteckige Stücke, aus denen sie auf ihrem Teller eine Fenz errichtete, eine Umzäunung, in die sie allerlei grüne und schwarze Oliven hineinkullern ließ. »Chihuahua Darnell im Käsecorral«, sagte sie. »Und gleich wütet ein Wirbelsturm, dann rollen wieder diese Gestrüppkugeln durch die verlassenen Straßen, weil im Western immer Gestrüppkugeln durch die Straßen rollen, Tumbleweed, bis es blitzt und donnert, und dann gibt es eine Olivenstampede im Käsecorral.« Wild stupste sie die Oliven auf ihrer käseumrandeten Tellerweide hin und her. Alle Zeichen standen auf Sturm. Die Oliven würden durchgehen und ausbrechen, alles würden sie niederrennen und verwüsten. Schrecklich! Etwas musste geschehen – und plötzlich erfüllte Gesang meine Küche, als hätte der Westernsänger Frankie Laine meine Stoßgebete erhört:

Furchtsam rollen die Oliven
Im Corral herum
Bibbern zittern miteinander
Vor Entsetzen stumm

Aus Angst vor dem Blizzard
Sind viele schon ganz grün
Einige sogar schon schwarz
Und alle woll'n sie fliehn

Da kommt aus dem Dunkel
Ein Cowboy, er singt
Ein Lied, das für Oliven
Sehr beruhigend klingt:

Corral, Corral, Käsecorral
Keine Stampede im Käsecorral

Langsam fassen die Oliven
Wieder neuen Mut
Kein Gehoppel in der Koppel
Es geht ihnen gut

Die schönste der Oliven
Rollt an den Zaun heran
Fasst sich ein Artischockenherz
Und spricht den Cowboy an:

Für dich, liebster Cowboy
Tu ich, was du verlangst
Doch vorher sing nochmal dein Lied
Es nahm mir meine Angst

Corral, Corral, Käsecorral
Nie mehr Stampede im Käsecorral

Die Wirkung war erstaunlich. Wie der Gesang der Viehhirten sich beruhigend auf eine nervöse Herde auswirkt, so kehrte auch bei den aufgepeitschten Oliven Friede ein. Frau Güzel beendete ihre Oliveneinflüsterungen und begann kauend, den Corral samt Inhalt seiner finalen Bestimmung zuzuführen. Die Käsestücke und die Oliven verabschiedeten sich sehr artig, einige knicksten sogar, und alle bedankten sich dafür, dass sie nicht einfach mirnichts, dirnichts weggefressen wurden, sondern, wie ihre Gastgeber und Aufesser, ein schönes Vorspiel hatten.

Mann vor Damenwäsche

Ein Tusch für den Dichter und Maler Joachim Ringelnatz

Ringelnatz? Hat der nicht die Schnupftabakdose Friedrichs des Großen bedichtet? Die zwei Ameisen, die von Hamburg nach Australien reisen wollten? Den Matrosen Kuttel Daddeldu? War das nicht dieser mal niedlich, mal herzbetrunken-rauhbeinig dichtende Mann, der sich »reisender Artist« nannte und in Varietés auftrat, und den man sich als Dichter schenken kann?

Man kann leicht mehr erfahren von und über Joachim Ringelnatz, der am 7. August 1883 im sächsischen Wurzen als Hans Bötticher geboren wurde und sich nach seinem Lieblingstier nannte, dem Ringelnass, dem Seepferdchen. Es gibt bei Diogenes eine von Walter Pape edierte siebenbändige Gesamtausgabe, Harry Rowohlt hat für seine Ringelnatz-CD »Ich hatte leider Zeit« erfreulicherweise eher unbekannte Gedichte ausgewählt, und der Katalog »Ringelnatz! Ein Dichter malt seine Welt« würdigt Ringelnatz als Maler, dessen Bilder gemeinsam mit Werken von Ernst Barlach, Otto Dix, George Grosz, Ernst Ludwig Kirchner, Paul Klee, Emil Nolde und Max Pechstein ausgestellt wurden. Auch der Dichter Ringelnatz wird hier endlich einmal nicht auf der Ebene der Verse »Publikum – noch stundenlang – / Wartete auf Bumerang« verhandelt, die übliche Verharmlosung zum Kleinkünstler unterbleibt. Ringelnatz war ein Dichter, ein tief fühlender freier Geist, und sein freimütiger Ton rief auf den Plan, was er »die zwei Polis« nannte: Politik und Polizei.

1922 druckt die *Weltbühne* Ringelnatzens Gedicht »Die Riesendame der Oktoberwiese« und wird auf Antrag der »Zentralpolizeistelle zur Bekämpfung unzüchtiger Bilder und Schriften« beschlagnahmt; im September 1923 werden Ringelnatz und der *Weltbühne*-Herausgeber Siegfried Jacobsohn zu je 300 Millionen Mark Geldstrafe verurteilt – da es sich um Inflationsgeld handelt, wiegt die Millionenstrafe aber weit weniger schwer als die bedichtete Dame: »Es nahte sich mit wohlgebornen Schritten / Der Elefant vom Nachbarzelt / Und sagte: ›Emmy, schwerste Frau der Welt, / Darf ich um einen kleinen Beischlaf bitten?‹ // Diskret entweichend konnte ich noch hören: / ›Nur zu! Beim Essen kann mich gar nichts stören.‹«

Das »Geheime Kinder-Spiel-Buch« von 1924 handelt Ringelnatz und dem Verleger Gustav Kiepenheuer eine polizeiliche Verfügung wegen »verderblicher Beeinflussung der sittlichen Auffassungen von Kindern« ein, die »polizeilicherseits nicht geduldet werden kann«. Die Nationalsozialisten hassten Ringelnatz sowieso – für seinen Ton, den sie »frivol« und »entartet« nannten. Sie erteilten Ringelnatz Auftrittsverbot und verbrannten seine Bücher. Sein emigrierter Freund Hans Siemsen schrieb zu Recht, Ringelnatz sei »auf kaltem Wege von den Nazis umgebracht« worden. Ringelnatz, sämtlicher Verdienstmöglichkeiten beraubt, konnte sich keine angemessene ärztliche Behandlung seiner Tuberkulosekrankheit mehr leisten und starb restlos verarmt am 17. November 1934.

Eins seiner letzten Gedichte, im Nachlass gefunden, beschäftigte sich mit den »Lauen«, die empfahlen, zu »schauen, ob nicht tief / Am Nazitum was dran sei / Ob Hitler nicht doch ein Mann sei«. Ringelnatzens Antwort lautete: »Wir kennen die einfache Wahrheit, / Wir sehn durch ein scharfes Glas. / Und unsere Lehre ist Klarheit, / Und unsere Klarheit ist Haß. / Der Haß, der groß und weitsichtig ist, / Der schaffende Haß, der richtig ist.«

Klingt gar nicht nett und niedlich – und ist genauso Ringelnatz wie die Schlusszeile aus dem Gedicht »Marter in Bielefeld«: »Es kann kein Mann vor Damenwäsche gähnen.«

Es gibt kein Recht auf Heiterkeitsverzicht

Über den vollendeten Dichter Peter Hacks

Dass die Welt ohne Peter Hacks sich weiterdrehen muss, ist keine gute Nachricht für die Hinterbliebenen. Doch spendet der Dichter selbst den einzig möglichen Trost. So lesen wir Hacks – der schon früh das tat, wozu uns sehr viel später drohend geraten wurde, falls wir es wagten, den Konsumismus der Bundesrepublik nicht für das Maß aller Dinge zu halten: »Geh doch nach drüben!« Hacks ging, früh und freiwillig.

1955 übersiedelt er, 27-jährig, von München in die DDR und wird Theaterdichter am Deutschen Theater in Berlin. Sein Land geht auf den Bitterfelder Holzweg und fordert die Schriftsteller auf, sogenannte Arbeiterliteratur zu verfassen. Heiner Müller klöddert »Traktor« zusammen, Hacks dichtet: »Der Dichter hat sich früh erhoben. / Er will in einer kleinen Schrift / Das Glück des Sozialismus loben, / Das viele, doch kaum ihn, betrifft. / Da sieht er unterm Morgengrauen / Im Herbstfeld die Kartoffelfrauen. / Sie rutschen fröstelnd auf dem Bauch. / Er blickt sie an und seufzt: ihr auch?«

Auf einem Schriftstellerkongress 1961 in Hamburg erklärt Hacks: »Wir haben halt einen Sozialismus. Sie haben einen Kapitalismus. Beide haben ihre Nachteile. Ich würde sagen, unser Sozialismus ist zu vergleichen einem sauren Apfel und Ihrer einem etwas verfaulten.« In seinem Urteil über die Bundesrepublik täuschte Hacks sich nicht. Der Prozess des Verfaulens ist seitdem zügig vorangeschritten.

Nach der Einweisung Wolf Biermanns in die Bundesrepublik publiziert Hacks in der DDR-*Weltbühne* eine

Analyse der Künste Biermanns: »Als ein fehlerhafter Ehrgeiz ihn trieb, sich an Heines Philosophie und Villons Weltgefühl zu messen, als er sich von den Alltagssachen weg und den Weltsachen zuwandte, verstieß er gegen die seiner Begabung angemessene Gattung und sank vom Volksliedsänger zum Kabarettisten.« Im Westen brauchten sie ein paar Jahrzehnte länger, um das Offensichtliche zu erkennen, und beim *Spiegel* haben sie es bis heute nicht begriffen.

»Ich möchte nicht als Antidemokrat erscheinen, als der ich zu Recht verrufen bin«, schreibt Hacks in seinen »Maßgaben der Kunst«. Ebenso maliziös bedichtet er das fiktive Ende des dissidierenden 1989er-Klüngels: »Böhme, Thierse, Schnur und Stolpe, / Gysi, Modrow, Wolf und dann / Poppe, Barbe, Klier und Bohley, / Schröder, Ull- und Eppelmann, / Die Gebrüder Brie und, ärger, / Eheleute Wollenberger, / Alle lassen ihren Kopf / Fallen in den Auffangtopf.«

Mit solch verantwortungslos fröhlichen, unbekümmerten Versen lehrt uns Hacks: Es gibt kein Recht auf Heiterkeitsverzicht. Mit den Plagen der Welt soll man federleicht und reizend fertig werden, stilsicher, charmant und mit den vollkommensten Manieren: je boshafter die Sottise, desto höflicher der Ton. Distanziertheit ist der Schlüssel; in seiner »Ode auf Berlin« bringt Hacks diese Haltung zur Welt in vollendete Form: »O wie gern bin ich alleine / Mitten in der großen Stadt, / Wo man seinen Lärm und seine / Wunderschöne Ruhe hat. // Und ich denke meine Sachen, / Muß mich keinem anvertraun. / Was ich kann, das darf ich machen. / Niemand lugt mir übern Zaun. // Mich berührt der Völker Jammer. / Bruders Jammer läßt mich kühl. / Mitmensch bin ich in der Kammer, / Eremite im Gewühl.«

Ein klarer Kopf wie Hacks arbeitet unabhängig davon, ob seine Klugheit Konjunktur hat oder nicht. Dem

Triumph der Trostlosigkeit hält er, adelsstolz und wutauslösend, vornehme »Rote Sommer« entgegen: »Derweil der große Haufen sich, in überengen / Behältern drangvoll duldend wie auf Viehtransporten, / Aus Deutschlands nördlich milden Breiten oder Längen / Hinquält zu seinen grauenhaften Urlaubsorten, // Begeben Preußens dünkelhafte Kommunisten, / Gewohnt, in völliger Absonderung zu glänzen, / In Linnen leichtgewandet, duftenden Batisten, / Nach ihren Dörfern sich und Sommerresidenzen.«

Was für ein Ton! Demut, Zerknirschung, Selbstbezichtigung und hündische Dankbarkeit werden den Bürgern der ehemaligen DDR nach 1989 abverlangt, und viele von ihnen leisten dem unsittlichen Antrag auch würdelos begierig Folge. Hacks aber, der Zugezogene, bleibt der Erste Geheimrat Goethe der DDR und dichtet mit frischer Provokationslust »Venus und Stalin«: »Ein milder Glanz geht, eine stille Pracht / Unwiderstehlich aus von diesem Paar. / Die Liebe und die Sowjetmacht / Sind nur mitsammen darstellbar.« Die Freude an den kühnen Versen wird durch das ihnen auf dem Fuße folgende Geheule noch gesteigert.

Der Festschrift zu seinem fünfundsiebzigsten Geburtstag hat Hacks Annette von Droste-Hülshoffs Verse voranstellen lassen: »Denn, wie trotzig sich die Düne / Mag am flachen Strande heben, / Fühl ich stark mich wie ein Hüne, / Von Zerfallendem umgeben.« In Hacksens Gedicht »1990« heißt es analog: »Freilich ich, von Schwachheit keine Rede, / Bin nicht jeder, und sie ist nicht jede, // Und so folgen dem, was ich ihr tue, / Höhepunkte, und in großer Ruhe // Sehn wir nachher beim Glenfiddichtrinken / Hinterm Dachfirst die Epoche sinken.«

Am 31. 12. 1989 notiert Hacks: »Die Konterrevolution langweilt nicht nur mich, sie langweilt inzwischen auch das Volk selbst. Nicht nur Heym, die Hälfte aller Weißen der ersten Stunde steht, nun es zu spät ist, wie das Kind beim Drecke. Es ist drollig: Wenn es nach dem Willen der DDR-Nation ginge, hätten wir schon den Honecker wieder. Es geht aber nicht nach dem Willen der DDR-Nation.« So souverän betrachtete Hacks ein Volk, das sich 1989 für den Souverän hielt und nichts weniger war als das.

Als John Ronald R. Tolkiens »Der Herr der Ringe« in die Hände der Filmindustrie fiel, wurde aus der Romantrilogie eines großen Sprachgelehrten esoterischer Sondermüll. Wo Mordor, Zentrum des Bösen in »Der Herr der Ringe«, heutzutage geographisch verortet werden müsste, ist der brüllend lauten Verfilmung des Stoffs nicht exakt zu entnehmen – irgendein »Schurkenstaat« genannter Land- und Mostrich wird aber unbedingt, und das nicht nur auf der Leinwand, dran glauben müssen. Denn das Glaubenmüssen und -müssenlassen ist das Wesen von Mordor – das Peter Hacks in seinem gleichnamigen Couplet so beschrieb: »Zwischen zwei Weltgewässern liegst du da, / Heimstatt des Terrors, Mordamerika.«

Von Hacks ist folgende Anekdote überliefert: »Nach dem Anschlag auf jene beiden Hochhäuser auf der Insel Manhattan, welche als die ›Welthandelsmitte‹ bekannt waren, fragte Hacks bei dem in Lebensdingen beholfeneren Klaus Steiniger an, ob der sich in der Lage sehe, ihm zu der Postanschrift des Diplomingenieurs Osama Bin Laden zu verhelfen. Er habe, schrieb er zur Erklärung, einiges Dringende zur Neugestaltung des Potsdamer Platzes mit demselben zu besprechen.«

Die Kühle, den Elftenseptember auch als Geburtsstunde der bemannten fliegenden Architekturkritik zu betrachten, hatten und haben nicht viele; der Klassiker

Hacks war auch in diesem Punkt unendlich viel cooler, als jede Popkultur es erlauben könnte. In seinem Testament verfügte er, nicht auf jenem Teil des Dorotheenstädtischen Friedhofs beerdigt werden zu wollen, auf dem bereits Heiner Müller modere – von dem Hacks sagte: »Darauf, einem Konkurrenten ein Geschäft zu verderben, einem Kollegen die Ehre abzuschneiden, einem Kommunisten die Gurgel umzudrehen, auf diese drei Aufgaben werden Sie Heiner Müller vorbereitet finden, wann immer sich ihm eine Gelegenheit bietet, es gefahrlos zu tun, an jedem einzelnen Tag und zu jeder einzelnen Stunde.« Neben dieser Müllermilch mochte Hacks nicht liegen. »Mit Heiner Müller«, schrieb Hacks, entzückend boshaft bis zuletzt, habe er »sich nicht so viel zu sagen, dass es für eine Ewigkeit reicht«.

»Einem Menschen mit Humor / Kommt das Leben komisch vor«, heißt es in »Plagejahre« von Peter Hacks – einem Gedicht, in dem Hacks zuvor anklagt: »Dämel druckt, ich bin verboten. / Was zum Kuckuck zügelt ihr, / Kampfgenossen, meinen Roten / Pegasus, mein Flügeltier?« So sprach Hacks in der DDR zu den Kulturfunktionären, die ihn zensierten. Die waren schon ängstlich, feige, ahnungslos oder kunsteunuchig genug – mit den heutigen Kulturverwesern gibt es rein gar nichts zu besprechen. Die kleistern die Welt mit Abgeschmack voll, auf dass die Welt so hässlich werde, wie sie es immer schon waren und sind.

»Unter den Medien schweigen die Musen«, sagte Peter Hacks. Geboren am 21. März 1928, starb er am 28. August 2003. Wir wurden still und lasen ihn: das bewährte Lieblingsmärchen »Der Bär auf dem Försterball«, und immer wieder seine Gedichte: »Blumen schenkt mir die Liebste und hat mich also verstanden / Und bezweifelt das nicht, daß ich empfinde wie sie. / Schlipse, so denkt sie, besitzt er, Zigarren kauft er sich, Hunger / Leidet sein Magen kaum, aber, wie meines, sein Herz. / Aber daß roherfühlend der Mann nicht sein als die Frau muß, / Woher weiß sie das denn? Weil sie stets gut ist, wohl sind / Alle stets gut zu ihr, und nicht durch Erfahrung verängstigt, / Gibt sie mir Liebe und gibt liebliche Tulpen und sich.«

Die Medien ramenterten weiter. In der *jungen Welt* erfand ein Nachrufer das Futur drei: »Der Sozialismus wird siegen werden.« Er hatte noch Pathos zuzusetzen: »An diesem Grab wird man Partei.« Ohne Aufwallung und Verquollenheit kam die *Süddeutsche Zeitung* aus und würdigte Hacksens »lichten heiteren Ton, dem die gesamte deutsche Nachkriegsliteratur nichts Vergleichbares an die Seite zu stellen hat«. Von einem »Geist wie kalter Champagner« war dort die Rede – der auch erkläre, warum nicht jeder seine Freude an Hacks haben kann: »In Deutschland hat man es gerne lauwarm, deshalb wird es mehr Leute geben, die sich bei der Hacks-Lektüre empören, als solche, die ihn genießen.«

Wie zum Beweise dessen ging die *Frankfurter Rundschau* zu Werke. »Brillant« sei Hacks zwar leider gewesen, hieß es dort säuerlich, aber eben »selbstbewusst bis zur Arroganz« und »im schlimmen Sinne konsequent«. Eines werden die Sozialdemokraten aller Couleur niemals begreifen: Man muss einen brillant formulierten Gedanken nicht teilen, um sich an ihm erfreuen zu können. Das ist das Elend mit den Kulturpfaffen: Ein Dichter schenkt der Welt Wahrhaftigkeit und Schönheit, und sie ringen die Hände über die moralischen Konsequenzen.

Peter Hacks war ein schöner Mann. Ein Zigarettchen nach dem anderen schmauchend, sprach er mit größter Präzision; man hätte mitdrucken können. Noch den nichtigsten Gegenständen und den größten Zumutungen begegnete er mit derselben sprachlichen Hocheleganz, wie er sie in seinen Couplets pflegte: »Du triffst sie besser, wenn du, wenn du klatschst, / An den Heinz Eggert denkst, den du zermatschst.« Auf dem Foto, das die *FAZ* ihrem Nachruf auf Hacks voranstellte, sieht Hacks aus wie ein Popstar aus den sechziger Jahren, ein bisschen wie der junge Mick Jagger – und so feierte die *FAZ* den »Dichterfürsten« Hacks: als den »Marxisten von Sanssouci«.

»Ich bin ein Dichter und kein Zeitgenosse«, sagte Hacks von sich – und bewies es hundertfach: »Diese Nacht war von den Nächten, / Wo der Mensch die Liebe spürt, / Wo die Knoten sich entflechten, / Die man ihm ums Herz geschnürt, / Als mein Mädchen zu Besuch kam, / Unerwartet wie ein Lied, / Und wo ich sie auf das Tuch nahm, / Das mein Bette überzieht.« Von niemandem ließ die Liebe sich so hingebungsvoll bedichten wie von Peter Hacks: »Du sollst mir nichts verweigern. / Ich will den letzten Rest. / Geht eine Lust zu steigern, / Ein Schurke, wer es läßt. / Gehabtes Glück hilft sterben. / Der Tod, er soll nichts erben / Als blankgeleckte Scherben / Und Schläuche ausgepreßt.«

Drei Tage nach seinem Tod gingen die Süße und ich noch einmal auf die Schönhauser Allee, zu dem Haus, wo in Versalien DR. HACKS an der Klingel steht. Ich las ihr »Richtigstellung« von Hacks:

»Um die Dinge einmal wieder / Ins gehörige Verhältnis zu setzen: ich bin / Ein Eichbaum, ich singe mit tausend Vögeln. / Über mir geht die purpurne Sonne auf, das / Ist deine Liebe. Vorn, links unten, / Sehen Sie einen kleinen, grünen Gallapfel, / Das ist die Welt.«

Über den kleinen, grünen Gallapfel Welt spazierten wir, durch den Berliner Bezirk, den Hacks in seinem Gedicht »Der Verräterball« so subsumierte: »Prenzlauer Berg, bestaunter Ort der Wunder. / Schlecht für

Vernunft, doch gut für jeden Plunder.« Diesem Urteil widersprechen murrend Taubundblinde; das tun sie immer, wenn Wahrheit sie trifft.

Keine 150 Meter von Hacksens Stadtbehausung entfernt wohnt die Süße. Im Gehen fiel der Herbst uns an, Kälte griff nach uns. Wir entwischten, gerade eben noch, und sperrten Herbst und Kälte aus. Warm war das Bett und weich, wie wir. »Die Welt, schon recht«, dichtet Hacks:

»Die Welt? Schon recht. Doch wenn dein Fleisch sich straffte, / Wenn anhebt, daß du schön und schöner wirst, / Wenn deine Schönheit sich ins Engelhafte / Verklärt und dann in einem Aufschrei birst, / Und alles Fühlbare in diesem Schrei ist, / Mit dem du aller Wirrsal dich entwirrst / Zu tiefem Ausruhn, und dann nichts vorbei ist, / Die Wirkung nicht des Glücks, unscheidbar in / Dein oder meins, weil zwei schon nicht mehr zwei ist: / Dann erst in Wahrheit schwindet Zweifel hin. // Die Welt, schon recht. Ich liebe, und ich bin.«

Sondermüll von Mann

Wie Bob Dylan und Johnny Cash von Wolf Biermann und Gunter Gabriel versuchsweise unter die Erde gebracht wurden

Im Herbst 2003 dröhnte er wieder: Wolf Biermann hatte Bob Dylans »11 Outlined Epitaphs« ins Biermanndeutsche übersetzt, in »Elf Entwürfe für meinen Grabspruch«. In »mein Deutsch«, blasterte Biermann, habe er Dylans 40 Jahre alten Text überführt, eine »Transportarbeit« sei das gewesen, ein »Rüberschleppen in unsere Sprache«, und zudem habe er Dylan »aus meinen Vorräten und aus meiner mehr europäischen Sicht noch das eine oder andre zustecken« wollen. Was in richtigem Deutsch heißt: Biermann hat aus einem Dylan-Text eine Biermann-Lautsprecherei gemacht, und wo ihm das noch nicht reichte, hat er Dylan einfach Zeilen unterschoben, für die es im Original keine Entsprechung gibt.

Ganze Textpassagen wurden von Biermann ersungen und erlogen: »Steh fest auf Woody Guthries Schultern, doch / von spät bis früh Protest-Pamphlete ausposaunen / nur nur und nur den Menschenhassern meinen Hass / entgegenbrüllen? – Nein!« Wo Biermann das herhat? Man weiß es nicht, von Dylan aber auf gar keinen Fall, so viel steht fest: »Ich leide nicht an Patriotenpathos / doch mokieren werde ich mich / niemals übers Sternenbanner / wenn wo große Schweinereien grassieren / oder sogar Staatsverbrechen / will ich ohne Furcht mich wehren.« Nichts davon hat Dylan je geschrieben, auch nicht »Und sein will ich nichts. Ich will werden …«, hat auch keine »Menschheit« und keine »Weltgeschichte«

an- und keine »Panik« und keine »Apokalypse« ausgerufen – das ist alles reiner Biermann.

Im Interview mit dem *Spiegel* auf sein donnerndes Gerumpel angesprochen, entblößt sich Biermann ganz: »Das habe ich ihm reingeschoben. Das soll mir erlaubt sein, anderen nicht. Dylan hat das Glück, dass ich es gemacht habe«, römpömpelt er idiotenfroh. Man fasst es nicht – Biermann aber glaubt ganz fest, dass Dylan »sich freut, wenn ein anderer mit seinem poetischen Jugend-Pamphlet nicht penetrant pietätvoll umgeht« und »daran großes Vergnügen hätte – es würde mich nicht wundern, wenn er hier an der Tür klingelt.« So siehst du aus – Dylan kommt bei Biermann vorbei und sagt für den Schrott noch danke.

Biermanns Nachwort ist reines Delirium: Da wird aus »Sister Morphine« von den Rolling Stones eine obskure »Sister Murphy«, aus Serge Gainsbourg wird »Serge Gainsborough«, Jimi Hendrix wird bei Biermann zu »Jimmy Hendrix«, statt München ist »Nürnberg die Hauptstadt der Bewegung«, englische Songtitel und Dichternamen werden so falsch geschrieben, als kenne Biermann alles nur vom Hörensagen, habe es ahnungs- und lustlos heruntergeschrubbt und dann direkt in Druck gegeben. En passant behauptet Biermann frechrechts, politisch lägen Dylan und er auf einer Linie, auf der von George W. Bush nämlich: »Ich vermute, dass dieser Poet, geprägt von den Traditionen der amerikanischen Demokratie, einen Befreiungskrieg gegen aggressive Kriegstreiber und Massenmörder viel weniger verabscheuungswürdig findet als einen totalitären Friedhofsfrieden hinter Stacheldraht.« Worauf diese Vermutung basiert? Das behält die alte Robbe schön für sich.

Warum ein Verlag eine solche grobe, vor Fehlern und schierem Irrsinn strotzende Schlamperei passieren lässt, ist schon nicht zu begreifen; Kiepenheuer & Witsch aber geht noch weiter und behauptet, Dylans »11 Outlined Epitaphs« gebe es im Herbst 2003 »nun zum ersten Mal in Deutsch«. Dabei sind Bob Dylans gesamte Songtexte von 1962 bis 1985 in den achtziger Jahren bei Zweitausendeins erschienen, in der Übersetzung von Carl Weissner und Walter Hartmann. Kiepenheuer & Witsch nennt Biermanns Buch eine »Sensation« – es ist tatsächlich ein sensationell zusammengeschluderter Ramsch und Rotz. Ein professioneller Schaumschläger, der sich für nichts interessiert als für sich selbst, war Biermann schon immer. Immerzu hatte er sich als den wahren Heine etikettiert und angepriesen; im Versuch, sich selbst auch noch als Besserdylan auszuschreien, erwiesen sich die längst manifesten medizinischen Ausmaße seines Zwergenwahns endgültig als irreversibel.

Auch Johnny Cash sollte im Herbst 2003 gewaltsam zum Deutschen gemacht werden. Er fiel dem Fernfahrersänger Gunter Gabriel anheim, der schon das »House in New Orleans« in ein »Haus im Kosovo« umdichtete und nicht bemerkte, was er da sang: Deutsche Soldaten bauen sich ein Bordell. Mit derselben Fühllosigkeit kleckert Gabriel die Lieder von Johnny Cash voll. Schon Jahre vorher hatte er aus dem Cash-Hit »Man in Black« einen erstaunlichen »Mann hinterm Pflug« gemacht, einen Bauern, der »nach Schweiß und Blut und harter Arbeit riecht«. Den Blut-und-Boden-Unfug hatte Gunter Gabriel ganz aus sich herausgesogen, bei Cash war nichts Adäquates zu finden.

2003 dann schlug Gunter Gabriel flächendeckend zu. »Das Tennessee-Projekt – Gabriel singt Cash« betitelte er 18 von ihm selbst eingedeutschte Cash-Songs. Gabriels beschränkte, grapschende Brachialverehrung wird von keinem Funken Geist und Sprachgefühl gezähmt, trampelnd tut er den Liedern Gewalt an und – das eint ihn und Biermann – lässt die deutsche Sprache nicht ungeschoren davonkommen. »I'm like a Soldier getting over the War« heißt in Gabriels Übersetzung: »Wie ein Soldat / Der überlebt hat den Krieg«. Armer Satzbau das leider nicht überlebte, yeaaah ...

Gunter Gabriels Stimme ist ein Angriff auf das menschliche Trommelfell. Er singt nicht, er röchelt die Lieder zu Tode, die von Johnny Cashs baritonöser, warmer, melodiöser Stimme gesungen wurden, und wenn man auf die deutschen Texte hört, überlegt man, ob Totsein nicht doch ganz schön wäre. Aus »Solitary Man« macht Gabriel einen »Sonderfall von Mann« – kein Arzt wird ihm widersprechen. Gunter Gabriel hat sich damit, wie Biermann vor ihm, diese Grabsteininschrift verdient: Sondermüll von Mann.

Die Lieder und Texte von Bob Dylan und Johnny Cash aber, die von zwei dummdreisten Ranzlappen versuchsweise in deutsche Erde verklappt wurden, bleiben von den Anwanzereien erfreulich unberührt – und strahlen weiter.

Wolf Biermann antwortet in einem Interview in *Cicero* (Mai 2004) auf diesen Artikel:

Wolf Biermann: »Ich kenne das nicht. Aber ich kenne die *taz* und bin gewarnt. Ein Freund rief mich an aus Berlin und sagte: Lies diesen Stuss bloß nicht. Der Autor ist ein chronischer Giftzwerg, ein verkrachter Provinz-Literat in der Hauptstadt, der es nicht ertragen kann, dass die Musen ihn nicht küssen. Sowas ist meistens der blanke Neid. Nicht dieser sympathische weiße: der neidlose Neid, sondern der schwarze. Gute Journalisten sind meistens schon deshalb prima, weil sie keine verhinderten Dichter sind. Solche verkrachten Künstler werden oft besonders giftige Kunstfeinde. Und am schlimmsten ist es, wenn sie dann auch noch in die Politik hineingeraten. Denken Sie nur an den Lyriker Radovan Karadic, oder an den Dichter Mao Tse-tung, oder an den Poeten Ho Chi Minh. Dann ist es immer noch harmloser, solche Canaillen spucken Gift und Galle auf Zeitungspapier und werden keine bewaffneten Blutsäufer. Gescheiterte Dichter sollte man entweder prophylaktisch totschlagen oder mästen! Dieser Liebeskummer mit den Musen macht sie dermaßen missgünstig. Keine Freude, kein Spaß, kein Wohlwollen. Die sind wie zu Tode beleidigte Liebhaber, die nicht an eine scharfe Frau rankommen und rächen sich dann dafür an der Menschheit!«

Mit Mutti Lau auf Gartenschau

Der Ölfilmjournalismus hat mehr Gesichter, als man sich merken könnte, aber eins seiner zuverlässigsten ist das von Mariam Lau. In Springers Pleiteblatt *Die Welt* kann man es bekucken und nebenbei lesen, wie großartig die Springer-Journalistin Lau die Springer-Presse findet, die sie, ganz im Springer-Stil, in Anführungszeichen »Springer-Presse« nennt. Am 1. Juli 2003 glitscht sie unter der Überschrift »Gegen den Strom« breitbeinig auf ihren Arbeitgeber zu: »Die ›Springer-Presse‹ ist es, die heute eine Art ›Gegenöffentlichkeit‹ darstellt«, um anschließend zu klagen: »Der Mainstream denkt links.«

Dem bitteren Befund lässt sie reinhardmohrig eine Selbstbezichtigung folgen: »Was mich persönlich betrifft, ist die Entwicklung äußerst seltsam verlaufen. Als junger Mensch ist mir jeder nur erdenkliche Blödsinn im Kopf herumgerauscht, der damals im Angebot war: Panik vor der Pershing II, Atomangst, Angst vor Ronald Reagan, vor unmittelbar ins Haus stehendem Faschismus, Asbest-Wahn, Indianer-Weisheiten, Patschouli-Öl, Alice Miller, Klaus Theweleits ›Männerfantasien‹, Rilke-Gedichte (nur die weinerlichsten) und natürlich der Film ›Die Kinder des Olymp‹, bestimmt 15 Mal gesehen.«

Leute, die »ich persönlich« sagen und »natürlich« schreiben, wo sie »selbstverständlich« meinen, sind weder angenehm noch klar im Kopf; wenn sich aber eine »bestimmt 15 Mal« freiwillig das Poesiegetue »Die Kinder des Olymp« angetan hat, sind größere Folgeschäden keine Überraschung. Da bleibt die Runkel dunkel.

Frau Lau, das erfahren wir von ihr selbst, hatte also mal schwer am Kitsch gebaut. Na und? Ist der links etikettierte Konformismus ihrer Jugend ein Beweis für ihre angebliche heutige Klugheit? Ein Konservativer, der auf sich hält, lässt solch anbiedernde Belästigungen an sich abtropfen. In der nicht konservativen, sondern bloß aufdringlichen *Welt* haben sie von Stil noch nie etwas gewusst.

Weswegen Frau Lau dort ausplaudert, was in den Rang einer Nachricht auch mit größter Mühe nicht erhoben werden kann. Die inzwischen »verheiratete Mutter von drei Kindern« und Besitzerin von »karierten Sitzkissen für Gartenstühle«, die ihr »als junger Frau die Tränen in die Augen getrieben hätten«, teilt ihren Lesern mit, dass der Kitsch des Alters den der Jugend ersetzt hat. Gibt es in der *Welt* keine Todesanzeigen mehr? Kolumnieren in tatsächlich jeder Zeitung heillose Spießer darüber, was sie so zusammengemuttert und -gevatert haben?

Ein wahres, ein nicht nur windig daherkolumniertes Anliegen indes hat Mutti Lau: Sie will ganz dringend sagen, wie sie alles so großartig und so richtig gemacht hat in ihrem Leben, das sie selbst als »denkbar bieder« und »middle of the road« beschreibt. »Meine Stimmung ist einfach Bombe«, applaudiert Frau Lau sich zu und jubelt weiter: »Aus dieser Tatsache ziehe ich Genugtuung.«

In Mariam Laus Kopf hielt eine kleine Bombe es nicht länger aus und implodierte, und die Welt soll davon Notiz nehmen, jeden Dienstag, in der *Welt*. Scheu aber ziehen wir uns zurück, aus Respekt vor so viel bollernd ausgestelltem Unglück.

Mein Burda-Frauenkalender

Er lag an der Kasse einer Buchhandlung. Er war aus rotem Velours, er fühlte sich gut an, weich und wuschig, und als ich ihn aufblätterte, bot er mir für jeden Tag des Jahres eine halbe Seite Platz an, um mein Leben in ihn hineinzuschreiben, und sonntags sogar eine ganze: mein erster Burda-Frauenkalender. Das war im Jahr 2001. Ein angenehmes Gegenstück zum Gesinnungskalender schien er zu sein und erst recht eins zum sogenannten Chefplaner, der die Wochentage nach halben Stunden strukturiert, weil es in der Rattenrennenwelt Faulheit so wenig geben darf wie ein Recht auf sie.

Doch mit dem Frauenfaulenz ist es auch bei Burda nichts – hier hat das Weib fleißig zu sein und adrett. Aus meinem ersten Burda-Frauenkalender erfahre ich, wie Glasvasen wieder strahlend sauber, Kartoffeln richtig gelagert, Kratzer auf Holztischen entfernt, Bohrlöcher zugespachtelt und Töpfe über Nacht gereinigt werden, wie hübsch sich Kürbisse machen als Tisch-Dekoration, wie aus einer Eierschale ein Blumenväschen wird und wie ich froh bin im Büro: »Der Anblick von Grünpflanzen wirkt stressbedingten Spannungszuständen entgegen. Prima am Arbeitsplatz.«

Wacker werde ich gestählt und gehärtet im Kampf gegen Schmutz und Falten. In Teflon ausgebraten, straff lebenstüchtig und abwaschbar zische ich umher und bin doch längst nicht mehr so kernseifen wie die deutsche Frau von einst, sondern durchaus flott mit Hilfe der »Basis-Pflege fürs Decolleté« und einer Hefe-Schälkur, und weil ich auch nicht auf den Kopf gefallen bin, erlerne ich in null Komma nichts »das kleine Spargel-Einmaleins«

und das Grundgesetz der Lärmvermeidung: »Filzschuhe schlucken Trampelgeräusche.«

In die Hölle solch nützlicher Tipps fügen sich Kalenderblattweisheiten für Greise jeden Alters: »Wer im Leben kein Ziel hat, verläuft sich.« Hätte Abraham Lincoln, von dem diese Vollweisheit stammt, sich ein bisschen verlaufen, er wäre möglicherweise nicht in einem Theater erschossen worden. Das Tränentier des deutschen Films wird zitiert, Wim Wenders: »Träumen ist wie Batterieaufladen fürs Wachleben.« Jean-Paul Belmondo weiß auch etwas: »Zärtlichkeit ist hautnahe Verehrung.« So spricht es aus dem Gesicht, das einem Sitzsack aus Nappaleder gleicht und sich schon lange eher für die vom Burda-Frauenkalender empfohlene »Traubenkur für glattere Haut« interessieren dürfte.

Sternzeichenkunde gibt es auch: »Die empfindsame Krebs-Frau« ist »mal scheu und zurückhaltend, mal ganz Power-Frau«. Denn das Herabsinken der Frau zur »Power-Frau« muss sein. So spricht Aenne Burda im Burda-Frauenkalender: »Gute Vorsätze sind die Voraussetzung zur ständigen Selbstdisziplin, ohne die wir rasch in Bequemlichkeit und Gleichgültigkeit versinken würden. Gute Vorsätze sind also nichts anderes als Forderungen an uns selbst.« Das gusseiserne Geschwätz lässt sich kontern mit Kinky Friedman, dessen Kombination aus Aperçu und Uppercut im Burda-Frauenkalender allerdings fehlt: »Ein Mann ohne Frau ist so etwas wie ein Kopf ohne Schmerzen.«

P. S.: Selbstverständlich bin ich dem Burda-Frauenkalender treu geblieben, und er hat mich nicht enttäuscht, nicht im Jahr 2002: »Viele Haselnüsse werden in einer Schale dekorativ zu einer Traube geformt, mit Ästchen und großen Weinblättern hübsch verzieren. Nicht vergessen: den Nussknacker dazulegen!«, und auch nicht 2003: »›Die wahre Lebensweisheit besteht darin, im Alltäglichen das Wunderbare zu sehen.‹ Pearl S. Buck.«

In exakt diesem Sinn hat auch die Ausgabe 2004 mich und mein Leben blühender gemacht: »Kleine Teppichbrücken werden wieder sauber, wenn man sie nach gründlichem Klopfen über den kurz geschnittenen, feuchten Rasen zieht.« Weil die Burda-Welt so reich ist an allem, was die wirkliche Welt nicht kennt, wird sich in ihr schon jemand finden, der Freude hat an dem, wovon Aenne Burda und ihre Leserinnen träumen: Aenne B., die kleine Teppichbrücke, nach gründlichem Klopfen über den kurz geschnittenen, feuchten Rasen ziehn. Oder umgekehrt.

Geifer mit Eifer

Das schlichte Weltbild der Donna Leon

»Es gibt wirklich sehr viele Menschen, die bloß lesen, damit sie nicht denken dürfen«, schrieb Georg Christoph Lichtenberg in seinen »Sudelbüchern«. Damit ist über das Lesen von Bestsellerschwarten alles gesagt. Genau so liest man dieses dicke Zeug: Weggetreten saugt man es ein und verschlingt es – nicht um den Kopf anzuregen, sondern um ihn abzustellen. Daher kommt das Wort Leseratte: Man frisst wahllos Krempel in sich hinein und hat Vergnügen daran. Gern bedienen sich dieser als wohltuend empfundenen Pausentaste auch Leute, deren Kopf ohnehin schon chronisch auf null steht. Die sind längst vom Netz gegangen und wollen doch immer noch abschalten.

Auch die Angehörigen des mittelgebildet sich dünkenden Lesersegments hegen den Wunsch nach einem Stoff, der sich möglichst leicht verdrücken lässt – nur, und das ist das Unangenehme daran, soll er dann doch bitte »mit Niveau« daherkommen, also ohne dem Leser mit allzu viel Lebensrohheit nahe zu treten oder ihn mit der Gefahr zu konfrontieren, sittlich ins Schlingern zu geraten. Diese Kunden werden seit vielen Jahren gerecht bedient von Donna Leon und ihren Commissario-Brunetti-Romanen, die sich stets um schwere Weltbedrückungen drehen, als da wären: Giftmüllskandale, Kindesmissbräuche, illegaler Kunsthandel, radioaktive Materialien, die Mafia, Snuff-Videos, Sextourismus und so weiter – hier kann der Leser stets hundertprozentig sicher sein, im Verein mit der Autorin auf der moralisch guten, richtigen Seite zu stehen.

Akademisch verblasen schreiben kann Donna Leon zweifel- und tadellos: »Als der Fisch aufgetragen wurde, war die Gesprächsführung inzwischen auf Dotoressa Santa Lucia übergegangen, die als Kultur-Anthropologin gerade von einer Forschungsreise aus Indonesien zurückgekehrt war, wo sie ein Jahr lang familiäre Machtstrukturen studiert hatte.« Doch auch vor dem ganz gewöhnlichen Kitsch und Groschen ist Donna Leon nicht bange: »›Dann gnade uns allen Gott‹, sagte Brunetti«, und die Erzählerin legt nach: »Am schlimmsten aber stand es um die Contessa.« Ob es der Spagat aus Courths-Mahler und Menschenrechting ist, den das deutsche Publikum an Donna Leon so liebt?

Donna Leon ist eine Kriegerin, eine Streiterin gegen das Böse auf der Welt. Das Böse, da ist sich Donna Leon ganz sicher, ist vielfältig, aber immer ist es männlich. In einem Gespräch, das der *Tagesspiegel* am 27. April 2003 druckte, redet sich Frau Leon vom Start weg in Rage und herrscht die Interviewer noch vor der ersten Frage an: »Stopp! Kennen Sie Eminem? Ich kannte ihn nicht, dann habe ich im *New Yorker* etwas über ihn gelesen, mit Auszügen aus seinen Texten. Schrecklich! Gewaltverherrlichend! Gewalt gegen Frauen! Gewalt gegen Kinder! Wer hört sich so etwas an?«

Ja, wer hört sich so etwas an? Donna Leon jedenfalls nicht – das braucht sie auch nicht, denn sie weiß ja schon alles. Sie hat aus einer Sekundärquelle genippt, das reicht ihr für ein Urteil. Wie gut für Donna Leon aber, dass sie ein Gegengift wider das Böse gefunden hat: »Eminem macht mir Angst, Händel macht mich glücklich.«

So beschränkt wie die Wahrnehmung Donna Leons ist auch die Weltsicht ihres literarischen Alter Ego. Hauptfigur in Donna Leons Kriminalromanen ist Paola Brunetti, die sich mit einer hitzig vorgetragenen trüben

Mischung aus aufgepinselter Menschenliebe und dem dringenden Bedürfnis nach Selbstjustiz die Sympathien des Publikums erwirbt. Regelmäßig lamentiert Signora Brunetti über die Jugend von heute, droht mit Platon und Virgil und gibt mit Bürgerbildung an wie ein Sack voll Mücken.

Paola Brunetti ist mit dem Commissario Guido Brunetti verheiratet. Der enttäuschenden Welt voller Menschen, die nicht von morgens bis abends Dante lesen oder Händel hören, stellt Donna Leon die Reißbrettgeschichte einer perfekten Ehe entgegen, wie Donna Leon sie sich vorstellt. Auch im elften Brunetti-Roman, »Die dunkle Stunde der Serenissima«, ist die Angelegenheit so lebendig, wie ein Zwangsidyll nur sein kann. Paola Brunetti schlägt einen Ton an, der jeden Menschen von messbarem Verstand davonrennen ließe: »Du weißt, dass ich das anders sehe, Guido, schließlich haben wir oft genug darüber gesprochen.«

»Wir haben oft genug darüber gesprochen«:* So, nach Art des Chefs, reden ekelhafte Eltern mit ihren Kindern, ekelhafte Männer mit ihren Frauen, und so lässt Donna Leon ihre Paola Brunetti mit ihrem Mann reden, seitenweise: »Das solltest du inzwischen wissen, das heißt, falls du mir in den letzten zwanzig Jahren je ernsthaft zu-

* »Eigentlich schade – da haben wir in der letzten Zeit über ein erneutes *taz*-Abo geredet. Da kommt die Gratis-Ausgabe, öffnet sich bei ›Die Wahrheit‹ und der erste Artikel, den ich lese, ist der von Wiglaf Droste! Donna Leons Bücher sind schon seit längerer Zeit abgehakt – aber wer ›geifert‹ hier eigentlich und findet sich offenbar noch gut dabei? Jetzt weiß ich wieder, weshalb ich kein Abo mehr will und den Hamburg-Teil lieber im Supermarkt gratis lese!«

Sybille Marth, Hans Jeikowski, EX-Abonnenten

gehört hast.« Wer solch autoritärem, einschüchterndem Gezicke zwanzig Jahre zuhört, und das auch noch »ernsthaft«, bekommt den Masochistenorden in Gold. Immerzu traktatet Paola Brunetti die ideologischen Thesen ihrer Erfinderin Donna Leon auf Guido Brunetti und auf alle Leser herunter: »›Ich glaube, die meisten Männer haben keine Freunde‹«, glaubt Paola Brunetti – nein, sie weiß es: »›Ihr habt bestenfalls Kumpels, Männer, mit denen ihr euch über Sport unterhalten könnt, über Autos und Politik. Und nach einigem Nachdenken‹« – »Nachdenken« ist wirklich ein schönes Wort für das Zeug – »räumte sie ein: ›Gut, da du in Venedig lebst und bei der Polizei bist, kannst du wahrscheinlich die Autos durch Boote und Waffen ersetzen. Aber es geht jedenfalls immer um materielle Dinge, und am Ende läuft es auf das gleiche hinaus: Ihr sprecht nie über eure Empfindungen, eure Ängste, nicht so, wie Frauen es tun.‹«

Man kennt diesen Tonfall der Generalunterstellung und Verdächtigung aus den siebziger und achtziger Jahren: Männer haben keine Gefühle, jedenfalls nicht so wertvolle wie Frauen, und wenn doch, dann können Männer ihre Gefühle nicht zeigen, und überhaupt: Jeder Mann ist ein potentieller Vergewaltiger.

In Donna Leon hat jener Altgirlfeminismus überlebt, in dem die blanke Denunziation sich für ihren eigenen Beweis hält. Sie betrachtet Männer, wie der Schnellrichter den Deserteur ansieht: Das Urteil steht längst fest. Auf nahezu 400 zähen Seiten wird ausgebreitet, was Autorin und Hauptperson als »philosophisches Terrain« etikettieren – wie man sich doch täuschen kann.

Wo Donna Leon nicht mit Weisheiten aus dem Binsenladen und mit moralisierendem Gekeife quält, füllt sie die Seiten mit Depeschen von allergrößter Nichtigkeit: »Nach dem Essen überraschten die Kinder ihre Eltern damit, dass sie sich freiwillig für den Abwasch meldeten.« Zugunsten jüngerer Leserinnen fehlt auch nicht die katzbuckelnde Verbeugung vor dem Konsumfeminismus à la *Vogue*. Auf Brunettis hübscher Sekretärin Signorina Elettra holt sich die Autorin regelmäßig ganz schlicht einen runter. Wie es schmutzige alte Säcke gibt, gibt es eben auch schmuddelige alte Säckinnen.

Leseköpfe, klingt das nicht nach Guillotine?

Der Börsenverein des deutschen Buchhandels kämpft für das Grundrecht der Branche, Geld zu verdienen. Dazu ist er da, und alles wäre in Butter, wenn nicht statt von Umsatz immerzu von Kultur respektive von bedrohter Kultur die Rede wäre. Seitdem die Unesco 1995 den 23. April zum »Welttag des Buches« machte, zum »Feiertag für das Lesen, für Bücher und die Rechte der Autoren«, hat der Börsenverein ein festes Datum zum Selbstaufblasen. Unterstützt von *Zeit* und 3sat inszenierte er die Aktion »Leseköpfe 2003«. Leseköpfe, klar – mit Schultern oder Füßen gönge das Lesen kaum, wenn auch immer noch besser als mit dem Munde des Börsenvereinsvorstehers Dieter Schormann: »Medien und Multiplikatoren sind starke Partner, wenn es gilt, das Lesen zu fördern; denn zur Lesefähigkeit – dem Schlüssel für alle weitere Bildung – gehört auch die Leselust. Wir wollen gemeinsam Anlässe schaffen, über Bücher zu sprechen, und so die Lust am Lesen wecken.« Es gibt viel Gedrucktes, das uns kurzfristig wünschen lässt, nie lesen gelernt zu haben. Dieter Schormanns abgegriffenes PR-Deutsch gehört unbedingt dazu.

Literatur ist ein Lebensmittel, manchmal ein Überlebensmittel, und Lesen ist eine konzentrierte Angelegenheit voll stiller Sensationen, bei der »Multiplikatoren« und »Anlässe, über Bücher zu sprechen« empfindlich stören. Der Buchhandel aber sucht sein Heil in Windmacherei – und heckte jene »Leseköpfe« aus, die auch »Lese-Botschafter« heißen: »Zehn prominente Menschen aus Wirtschaft, Politik, Kultur und Medien lesen und diskutieren an fünf deutschen Universitäten zeitgleich zum

Thema ›Klassik trifft Pop – Gibt es gutes und schlechtes Lesen?‹, moderiert von Journalisten und begleitet von Medienpartnern.« Mit »Medienpartnern und Prominenten die Lust am Lesen wecken«, das hat den Sound von Nullhundertneunzig. Begründet wird der Verzweiflungsakt so: »Ausgelöst durch Harry Potter und Dieter Bohlen, den Lesekanon und die Pisa-Studie stellt sich die Frage nach den Kriterien für gutes und schlechtes Lesen.« Das ist das Leiden der Krämer: Bohlens Geknatter verachten und davon leben. Viel lieber möchten sie verkaufen, was vom Kulturbetrieb abgenickt wurde und ein richtig schönes Gewissen macht. Der Traum heißt Das Gute Buch – gut, weil es die Branche gut verdienen lässt und dabei aus Lesern noch harmlosgute Sanso-Menschen macht: ein Alptraum.

Der nach mir griff, in einer Anfrage des Börsenvereins an den Reclam Verlag Leipzig, ob nicht auch ich ein Lese- oder doch wenigstens ein Ersatzlesekopf sein möge: »Leider hat Heiner Geißler absagen müssen, und unser Medienpartner 3sat ›Kulturzeit‹ wünscht sich als Nachfolger Wiglaf Droste. Wir würden uns sehr freuen, wenn er Lust und Zeit hätte, die zentrale Veranstaltung in Berlin gemeinsam mit Prof. Gertrud Höhler zu bestreiten.«

Die Gelegenheit, als Nachfolger Heiner Geißlers mit Gertrud Höhler das deutsche Lese- und Abend-, ja Abenteuerland zu retten, ich ließ sie achtlos verstreichen, und zum Glück kommt sie nie, nie wieder.

Können die Deutschen nach Pisa noch Gedichte schreiben?

Feiern ist ein Anagramm von Ferien
Seiern eins von (Fernseh-)Serien
Geiern ist ein Anagramm von gieren
Bayern - seltsam - keins von Bieren.

Der Negerregen regnet auf den Schornsteinfeger
Doch der bleibt schwarz: Er ist ein Regenneger.
Ich heiße Anna Gramm, bin fümpf und wiege viele Kilos
Mama und Papa sind Gesamtschullehrersilos.

Damit man nicht immerzu als Bruder Leichtfuß durch die Welt schlendert, hält das Leben den Mitmenschen parat. Irgendein Fitti drängt sich in das, was deins ist, und beschmiert es mit der ihm innewohnenden Mischung aus Armseligkeit, Gemeinheit und schäbigem Geschmack. Weil du arglos warst, trifft er dich voll, und plötzlich findest du dich angezählt in einer Ecke liegend wieder. Es tut weh, aber das Wesentliche scheint noch heil zu sein, und du kommst auf die Füße, wenn auch noch etwas taumelig.

Wie gut, dass Tex Perkins, Don Walker und Charlie Owen 1994 die CD »Sad but true« aufnahmen: Man hört und gewinnt die Fassung zurück. Wenn sich genügend Haltung angesammelt hat, dass man auf die Straße treten kann, schlüpft man aus der Tür, hinein in die graubraune, lichtlose nasse Masse Stadt, denn so rüde, stillos und grob sich die Welt zuweilen auch zeigt, so bleibt sie doch der einzige Ort, an dem man bekommt, was man wirklich braucht: Lebensmittel, also Bücher und Beiwerk in fester und flüssiger Form.

Mit vollen Taschen zurückgekehrt, lässt man die Badewanne ein, bereitet in der Küche diverse Kniften zu und entkorkt den Toribas. Der gammelige Leib wird in Badewasser erquickt, und dann heißt es: Bett und Buch, ja ja ja! Ein Hühnchensandwich wird verputzt und das Angebot geprüft: »Der Fall Bienlein« von Hergé, »Barry Lyndon« von Thackeray, Voltaires »Candide«, Conan Doyles »Die vergessene Welt«, Chestertons »Der Held von Notting Hill«, »Rattus Rex« von Colin McLaren, »Tobias Knopp« von Wilhelm Busch, »Ich & John Wayne« von Kurt Scheel – allesamt Bücher von bewährter Herrlichkeit, Regenschirme aus Schönheit und Geist, wenn es Dreck regnet, und da haben wir doch noch – genau: »Das große Umlegen« von Dashiell Hammett.

Was für eine Detektivgeschichte, was für ein Ton, und Hammett hat ihn erfunden: taff, lakonisch, präzise. Einer seiner gelungensten Charaktere ist der namenlose *Continental Op*, der gleichmütig und hartnäckig seine Arbeit macht und die Welt und ihre Bewohner betrachtet, wie sie sind. Sich selbst beschreibt er so: »Ich bin kurz und dick. Mein Gesicht schreckt keine Kinder, aber es ist ein mehr oder weniger ehrlicher Zeuge eines Lebens, das mit Anständigkeit und Luxus nicht gerade überlastet worden ist.«

Erzählt wird die Geschichte eines sagenhaften Coups, und Hammetts Personal ist große Klasse: »Mexico-Paddy, ein liebenswürdiger Gauner, der aussah wie der König von Spanien; L. A.-Slim aus Denver, wie immer ohne Socken und Unterwäsche; Toots Salda, der stärkste Mann der Unterwelt, der in Savannah mal zwei Polizisten, an denen er mit Handschellen befestigt war, hochgehoben hatte und mit ihnen davongelaufen war.« Die Gangsterfänger sind ebenbürtig gezeichnet: »Dick Foley war ein dunkler kleiner Kanadier, der auf seinen hochhackigen Schuhen beinahe einssechzig war, knapp hundert Pfund wog, redete, wie ein Schotte telegrafiert, und der einen Wassertropfen vom Golden Gate bis nach Hongkong beschatten konnte, ohne ihn zu verlieren.«

Hammett braucht meisterhaft wenig Worte, um die Verhältnisse auf den Punkt zu bringen: »Das Zimmer war so schwarz wie die Zukunft eines ehrlichen Politikers.« Sein Stil ist ein Fels in der schlammigen Brandung des Lebens. Mit Hammetts eigenen Worten gesagt: »Der Felsen von Gibraltar ist im Vergleich zu ihm ein loses Blatt im Wind.« Dergestalt gestärkt, erhebt man sich und tritt der Welt entgegen, nun nicht mehr wehrlos.

Auge in Auge mit der Einheit

Nachmittags auf Gleis sieben am Berliner Ostbahnhof fällt mein Blick auf eine Stofftasche. In Schwarz, Rot und Gelb ist sie mit schwarzrotgelb auch Gemeintem bedruckt: »Einheit gemeinsam gestalten«, ermahnt mich die Tasche. Das klingt nach Pastorenpietz mit Anfassen. Die müffeligen Worte finden ihre debile graphische Umsetzung in einem roten Herzchen mit klaffendem Riss. So sieht auch der Analphabet: Das deutsche Herz, es blutet, es leidet. Nur – woran? Und wer kann ihm helfen? Der Kardiologe, der einzig zuständig wäre? Nein, der tut es nicht. Ist es aber hilfreich und angemessen, wenn Deutsche im vierzehnten Jahr nacheinander ihr kollektives Sentiment in einen Napf hinein rührseelen und der Welt als Einheitseintopf aufdrängen?

Am deutschen Herzchenstoffbeutel hängt ein Mann Ende vierzig. Er trägt einen Schnäuzer und eine schwarze Lederweste. Eines der ehernen Gesetze der Welt lautet: Lederweste geht gar nicht, Lederweste ist zu arg. Hier aber bilden Lederweste, Schnäuzer, Mann und Tasche ein Ganzes, hier wurde nicht nur weisungsgemäß die Einheit gemeinsam gestaltet – nein, hier wurde DIE INNERE EINHEIT ästhetisch vollzogen! Andere mögen ihre Vorstellung, ihren Begriff von der Einheit haben, ihren Wunsch- wie Alptraum. Ich aber habe sie wirklich gesehen: Die deutsche Einheit. Der Anblick reicht für ein ganzes Leben.

Indem sie einen Zug bestieg, dessen Bestimmung nicht die meine war, ließ die Einheit mich endlich allein, und augenblicklich fühlte ich mich nicht mehr einsam.

Wir sägen uns die Beine ab und sehen aus wie Gregor Gysi

Nichts ist so eintönig wie der Pluralismus. Als einer seiner aggressivsten Sendboten, der stellvertretende US-Verteidigungsminister Paul Wolfowitz, im Irak nicht so begeistert empfangen wurde, wie er das für sich in Anspruch nimmt, bewiesen deutsche Journalisten, zu welcher Gleichförmigkeit der Pluralismus fähig ist. Am 27. 10. 2003 lauteten die Aufmacherschlagzeilen der hiesigen überregionalen Tageszeitungen: »Anschlag auf Wolfowitz« *(taz)*; »Anschlag auf Pentagon-Vize Wolfowitz« *(Die Welt)*; »Wolfowitz entgeht Anschlag in Bagdad« *(FAZ)*; »Wolfowitz entgeht Anschlag in Irak unverletzt« *(FR)* und »Wolfowitz entgeht Raketenangriff in Bagdad« *(SZ)*.

Es war die adäquate Werbung für einen Pluralismus, der beim Radiosender Berlin-Brandenburg treffend »voll die Vielfalt« heißt. Der Pluralismus, wenn er erst perfekt ist, sieht gleichgeschaltet aus, aber das täuscht: Wer versteht, die feinen Untertöne und Unterschiede zu erspüren, wer zwischen den Zeilen wie im Kaffeesatz lesen kann, der begreift, dass ein richtiger Pluralismus sich als solcher gar nicht mehr zu erkennen geben muss. Der avancierte Pluralismus ist unglaublich subtil, und wer als fortgeschrittener Pluralist mithalten will, benötigt ein Sensorium, mit dem man das Gras wachsen hört.

Doch wird der Pluralismus auch jenen geschenkt, denen er nichts zu geben vermag. Großzügig drücken die Klinkenputzer der pluralistischen Religion jedem ihre Ware ans Herz, über den Erdball eilen sie mit einem Eifer, als hätten sie bei Luther gelernt. Und noch der verstockteste Antipluralist wird die Schönheit und Pracht des Pluralismus erkennen und zu ihm konvertieren, wenn er die Schlagzeilen der deutschen Qualitätszeitungen vom 27. Oktober 2003 zu sehen bekommt: Das ist es, wofür es sich zu leben, zu kämpfen und zu sterben lohnt, weltweit.

Diese Botschaft fraß auch die PDS, die zur selben Zeit in Chemnitz bekennermutig ganz offiziell dem Einheitspluralismus beitrat. Doch obwohl die PDS längst so uniform ist wie alle anderen Kinder, darf sie nicht richtig mitmachen; sie steht unter Kommunismusverdacht. Das ist eine gemeine Verleumdung; die PDS ist ungefähr so kommunistisch wie die FDP, nämlich gar nicht.

Aber es muss doch einen Unterschied zwischen Gregor Gysi und Guido Westerwelle geben, quengeln in verzweifelter Hoffnung die verbliebenen sozialistischen Restposten. Doch, eine Differenz gibt es, man kann sie mit bloßem Auge sehen und mit dem Zollstock messen. Einen erwähnenswerten Unterschied zwischen den beiden Juristen allerdings gibt es nicht.

Gysi, der auf Augenhöhe gemeinhin mit seinem Türknauf verhandelt, hält seine Rücktritte aus politischen Ämtern nicht aus. Er zählt zu denen, die politisch in der Nähe jeder Fernsehkamera stehen. Wenn die aber wegbleibt, ist er gar nicht mehr da. So zwergelte Gysi auch in Chemnitz aufgeregt herum und erklärte verschüchterten Sozialdemokraten, was Politikfähigkeit bedeutet: in Interviews über seine Krawattensammlung plaudern. Nur wer sich im Pluralismus aufgelöst hat, kann den Pluralismus verändern, sagt, wie jeder Pluralist, auch Gregor Gysi. Warum wurde seine esoterische Kasperlevorstellung nicht mit Zwergenwerfen geahndet? Weil PDS pluralistische deutsche Spießer heißt?

Rhetorische Fragen muss man nicht beantworten. Um aus der ledrigen Angelegenheit wenigstens etwas Freude zu generieren, stimme ich ein kleines Liedchen an:

Wir sägen uns die Beine ab und sehen aus wie Gregor Gysi / Wir reichen allen andern Kindern gerade bis ans Knie …

Schwatz-Grün

Der deutsche Kleinbürger ist zuverlässig langweilig und kopfscheu: Wenn er in Panik gerät, rennt er nach rechts. Die Unwägbarkeiten des Lebens machen ihm furchtbar Angst, bereitwillig tauscht er das Dasein gegen einen Hochsicherheitstrakt ein. Dort ist er gut behütet, und der Wärter wird's schon richten. Der Wärter kann nämlich »zero tolerance« aus dem Newyorkischen übersetzen. Auf Deutsch klingt es noch eine Spur nulliger: Null Toleranz, und wer auf der Straße raucht, kriegt auch eins drauf. Das ist die späte Rache der Deutschen an Marlene Dietrich. Die hat damals nicht mitgemacht, und mitmachen muss man.

»Ich habe es satt, gegen etwas sein zu müssen! Ich will für etwas sein – ich will Schwarz-Grün«, heult also der Mitläufer, als wolle irgendjemand ihn daran hindern. Seinen Konformismus verkauft er als Querdenkerei, denn genauso groß wie sein Bedürfnis nach Selbstauflösung in der Masse ist sein Wunsch, dabei auszusehen, als sei er etwas ganz Besonderes. Gerade die Landsleute, die einen Grundkurs in Neinsagen dringend nötig hätten, flennen einem die Ohren voll, dass sie endlich, endlich einmal Jasagen dürfen wollen. Denn erlaubt und abgenickt sein muss es, sonst fühlt sich der Jasager beim Jasagen verfolgt. Das ist seine Haltung zur Welt: keine Haltung haben und plärren, die anderen ließen ihn nicht.

Die Frage, woher soviel verzweifelte und aggressive Affirmationswut kommt, kann nur der Psychopather beantworten. Faszinierend ist eher der Aspekt der Selbstbezichtigung: Wenn man schon so mau im Kopf ist, warum sagt und zeigt man das dann aller Welt? Wer ein

Gehirn wie ein Winkelement hat, muss eben immerzu damit wedeln. Und behaupten, ein homosexueller Bürgermeister sei an sich schon etwas Fortschrittliches und also Begrüßenswertes, ganz egal, wie asozial die Politik ist, die er vertritt.

Der schwarz-grüne Spießertraum ist ein Alptraum. Die Doppelhaushälfte hat Solarzellen auf dem Dach, die Kinder sind von Manufactum. Vati ist um die vierzig und lässt sich noch einmal die Haare lang und die Koteletten fußschlappenbreit wachsen. Er glaubt, er wirke dann jünger, und beweist damit, dass auch ein schwaches Denkvermögen immer noch weiter reduziert werden kann.

Gleichermaßen dreist wie ulkig ist der Versuch, die schwatz-grüne Mode als etwas Konservatives hinzustellen. Wirrsinnige, die von Rot-Grün zu Schwatz-Grün überschwappen, um ihrem Leben eine scheinbar provokante Note zu verleihen, wissen gar nicht, was wirklich konservativ ist: klug sein und der Aufklärung treu bleiben. So wie Johnny Cash und Joe Strummer in ihrer Version des im bobmarleyschen Original unerträglichen »Redemption Song« singen: »Emancipate yourselves from mental slavery / Non but ourselves can free our minds.« Um aber seinen Geist befreien zu können, muss man über einen verfügen. Da ist der schwatz-grüne Windbeutel ausgegrenzt. So fair ist das Leben.

Der wahre Konservative lässt die Moden die Moden sein und behält statt ihrer seinen Verstand. Indem er ihn benutzt, hält er ihn wach und scharf. Verstand ist, wie Geschmack, eben keine Geschmacksache, sondern die Lebensentscheidung zwischen klug und blöde.

Die Republik der Schaumschläger

Wenn Universal-Chef Tim Renner träumt

Tim Renner, von sich selbst verurteilt zu lebenslänglich Jungenhaft, kann auch ganz doll ernst werden. »Wenn es früher schon CD-Brenner gegeben hätte, wäre Blümchen nie ein Star geworden«, mahnte Renner juvenile Käuferschichten. Ein besseres Argument für das Brennen von CDs hat es nie gegeben.

Dennoch war Tim Renner bis Ende 2003 der Chef des größten deutschen Musikkonzerns, *Universal Music Germany*. Großklotzig hatte sich die Firma an der Spree aufgestellt und sich ein feistes »Zuhause« auf die Fassade gemalt. Doch die Behauptung, dass da, wo die *Universal* sei, automatisch auch die Musik spiele, war nur eine Latrinenparole. Seit dem Umzug von Hamburg nach Berlin schrumpfte die Firma rapide. Also hatte Tim Renner einen Traum, zumindest einen für die *Leben*-Beilage der *Zeit* vom 25. 9. 2003: »Das Business boomt.«

Wahr werden sollte der Traum von Boom und Business, so träumte Renner weiter, im Jahr 2010. »Heute ist ein großer Tag in Berlin«, schwärmte er. »Ich bin eingeladen zur Inauguration von Nena – unserer neuen Bundeskanzlerin.« Nenas Zeilen »Ich lass dich nie mehr allein, das ist dir hoffentlich klar« sind das Pendant zum scheidenkrampfauslösenden »Ich lieb mich in dir fest!« von Hartmut Engler und Pur. Und dennoch, Nena sollte es sein, Renner wollte es so: »›Wir müssen in die Parteien und Strukturen. Wir müssen ihnen Transparenz verleihen‹, hieß es im Wahlprogramm der neuen Kanzlerin.« Renner begeisterte sich um Kopf und Kragen: »Die Floskeln haben sich geändert, ihr Aggregatzustand nicht.

Luftblasen gehören zur symbolischen Politik nun mal dazu. Und Nena weiß, wie symbolische Politik funktioniert.« Aber nicht einmal Tim Renner ahnte, was seine armen, gequälten Sätze sagen wollten.

Deutsche, die ihrer Muttersprache ohnmächtig sind, sorgen sich besonders gern um Deutschland und die deutsche Kultur. »Deutschland ist auf dem Weg zu einer neuen Kultur«, johlte Renner in fröhlicher Idiotie und hatte dabei »die ganze Zeit Rammstein im Ohr«. Die trübe Truppe, bei Renner unter Vertrag, hielt er für »das Signal einer provokanten nationalen Kultur« – und kam schließlich in Fahrt: »Das war deutsch, das wurde auf deutsch gesungen, und die Welt hörte zu.« Bevor ihm noch der Grußarm hochruckte, versuchte Renner abzumildern: »Halbstark waren wir einmal, jetzt dürfen wir etwas ruhiger sein.«

Andere Menschen haben einen Kopf, Tim Renner hat einen Brückenkopf: »Berlin war Frontstadt. Berlin ist Brückenkopf.« So markig und nullundnichtig schlagzeilte es aus Renner heraus. »Pop und Politik – auch in Nenas Wahlkampf eine unschlagbare Kombination. Das Comeback des Schweißbandes, diesmal als Werbeträger: ›Nena wagen‹.« Immer wieder glitt Renner auf seiner eigenen Pidgin-Rhetorik aus. Über den Reichstagskuppelkonstrukteur Norman Foster jubelte Renner: »Glückwunsch, ein Brite durfte unser Heiligstes updaten. Das war schon vor mehr als zehn Jahren gelebtes Europa!«

Gelebtes Europa, gestorbenes Gehirn. Flacher als Renner dachte keiner je. Gehirnwäscheartig knallte er sich Sätze zwischen die Ohren, damit da wenigstens irgendetwas sei: »Künstler sind Teil unserer Gesellschaft. Sie haben eine Aufgabe. Wenn sie heute etwas bewirken wollen, müssen sie politisch werden. Nicht nur über Parolen in ihren Songs, sondern ganz aktiv, schmutzig und direkt.« Ganz aktiv, schmutzig und direkt: Da war Renner bei einem anderen Marktführer gelandet, bei Dieter Bohlen, der Nena zwei Tage nach Renners *Zeit*-Brei in *Bild* ansabberte: »Hallo Nena, hatten wir Sex? Haben wir gerattert?«

Ich weiß das nicht und will es auch nicht wissen. Ich will noch ein letztes Mal Tim Renner lauschen, wie der sich mit einem esoterischen Dreier in den Schlaf lüllt: »Nur etwas, womit wir uns beschäftigen, können wir verstehen. Nur was wir verstehen, können wir kritisieren. Nur was wir kritisieren, können wir verändern.«

Tim Renners Brückenkopf, soviel steht fest, geht es schlecht, aber eine schlechte Nachricht ist das nicht.

Hannah Arendts Diktum, dass man »vor Antisemitismus nur noch auf dem Monde sicher« sei, ist überholt. Seitdem auch Deutsche als Astronauten ins All gelassen werden, bietet selbst der Mond keine Zuflucht mehr vor dem hunderttausendsten Aufguss deutscher Mythen und Lügen.

Der CDU-Bundestagsabgeordnete Martin Hohmann nahm am 3. Oktober 2003 den Tag der deutschen Einheit wörtlich, wärmte die Nazipropaganda von der jüdisch-bolschewistischen Weltverschwörung auf und bastelte sich in seiner Feiertagsrede ein »jüdisches Tätervolk«. Erst nach Wochen wurde der Wahn publik; Hohmann, von seiner Parteiführung halbherzig gerügt, rechtfertigte sich: Er habe keine »Gefühle verletzen« wollen, »die Tatsachen sind aber richtig«. Welche Tatsachen? Eine jüdisch-bolschewistische Weltverschwörung hat es nicht gegeben, auch dann nicht, wenn sie in Martin Hohmanns Kopf existiert.

Verehrung wurde Hohmann durch den Brigadegeneral Reinhard Günzel zuteil, den Chef der deutschen Klassenstreberkiller von der KSK. Der Soldat nahm schriftlich Haltung an vor Hohmann: »Eine ausgezeichnete Ansprache ..., wie man sie mit diesem Mut zur Wahrheit und Klarheit in unserem Land nur noch sehr selten liest und hört.« Günzel wurde als »verwirrt« entlassen und hatte plötzlich viel Zeit zum Lesen. Hier ist eine Empfehlung für ihn:

Am 27. Oktober 2003 fällt im *Spiegel* ein Günter Franzen über den Schriftsteller Uwe Timm und sein Buch »Am Beispiel meines Bruders« her. Der kitschige Titel

»Links, wo kein Herz ist« gibt den Ton von Franzens Text vor. Timm hatte, gestützt auf Feldpostbriefe und Tagebuchaufzeichnungen, die Geschichte seines Bruders erzählt, der sich freiwillig zur Waffen-SS meldet, in der Totenkopf-Division seinen Dienst tut, durch Amputation im Feldlazarett beide Beine verliert und 19-jährig stirbt. Aus dem Tagebuch seines Bruders zitiert Timm unter anderem: »75 m raucht Iwan Zigaretten, ein Fressen für mein MG.«

Die Distanz des Schriftstellers Timm zu seinem Bruder missfällt Günter Franzen sehr. Franzen unterschiebt Uwe Timm das »behagliche Gehäuse einer blitzsauberen Gesinnung«, der zum Lohn »ein paar rot-grüne Stadtschreibereien winken«, als ob Timm auf so etwas aus wäre – und doziert, was Timm hätte schreiben müssen: »Uwe Timm könnte der Großvater dieses in der Weite Russlands verschollenen Neunzehnjährigen sein. Er könnte sich seines Bruders erbarmen. Er könnte ... ihm das Sterben erleichtern: Ich werde nie genau wissen, wer du bist und was du getan hast. Aber ich stehe dir bei, weil ich dein Bruder bin.«

Von dieser posthumen Sterbehilfe hätte Uwe Timms gut 60 Jahre zuvor gestorbener Bruder nicht mehr das Geringste gehabt; den Nutzen haben Berufsdeutsche wie Franzen, die an keiner historischen Erkenntnis interessiert sind, sondern an den dumpfen Banden des Blutes. So, auf dem Familienticket, können sie aus den Deutschen von damals und von heute die wahren Opfer des Krieges machen. Das nationale Geflenne hat Konjunktur, und Franzen beherrscht das Geschäft der deutschelnden Groschenschreiberei: »Am Beispiel der imaginären Geschwister, deren Platz wir eingenommen haben, sei erinnert an: die tausend in einer Nacht verbrannten Kinder von Heilbronn ... die Unzahl der in den Armen ihrer verrückt gewordenen Mütter erstarrten Säuglinge, deren kleine Körper die vereisten Fluchtwege säumten ...«

Wenn die Deutschen die wahren Opfer sein wollen, müssen andere die wahren Täter sein; so kommt auch ein »jüdisches Tätervolk« in die Welt. Martin Hohmann nennt das: »Gerechtigkeit für Deutschland, Gerechtigkeit für Deutsche.« Sein Verehrer Reinhard Günzel sollte den *Spiegel* und die Schriften von Günter Franzen und Horst Mahler abonnieren, da findet er, was er so gern und nur angeblich »sehr selten« liest.

Ein Jammer: Haffner als Schmock

Unautorisiert exhumiert: Sebastian Haffners Feuilletons aus dem Nachlass

Der Autor ist unschuldig und kann nichts dafür. Bevor Sebastian Haffner 1999 im Alter von 92 Jahren starb, hatte er keinen Versuch unternommen, die Feuilletons, die er zwischen 1933 und 1938 schrieb, noch einmal auflegen zu lassen. Wozu auch? Er hatte reichlich Substantielles veröffentlicht: Alles, was man über Hitler wissen muss, schrieb Haffner in seinen »Anmerkungen zu Hitler«, und auch »Der Verrat«, seine Studie über die Niederschlagung der deutschen Revolution 1918/1919, ist Pflichtlektüre für jeden, der Geschichte verstehen will und sich mit den Seifenopern von Guido Knopp nicht abspeisen lässt.

Fünf Jahre nach seinem Tod werden Texte von Haffner herausgebracht, an die er selbst keinen Gedanken mehr verschwendet hatte. »Das Leben der Fußgänger« heißt die Sammlung, und die Titelgeschichte gibt einen guten Eindruck vom Stil der Haffner'schen Brotarbeiten: »Es mag gewiß sehr schön sein, mit achtzig Stundenkilometern von Panne zu Panne, von Strafbefehl zu Strafbefehl, von Unfallstelle zu Unfallstelle zu jagen; aber es vergleicht sich an Abenteuerlichkeit, Gefahr und Sensation nicht im entferntesten dem Unternehmen des Mannes, der es auf sich nimmt, ungepanzert und waffenlos, auf eigenen Füßen, in schlichter Zivilkleidung, ausgerüstet mit nichts als der auslugenden Verschmitztheit des Menschengeistes, den Dschungel des Großstadtverkehrs zu durchqueren.«

Veröffentlicht wurde dieser Locken auf der Glatze drehende Text Ende März 1934 in der *Vossischen Zeitung*.

Dass Haffner, ein überzeugter Gegner der Nationalsozialisten, der 1938 nach England emigrierte, damals mit solchen Schmockstücken sein Geld verdiente, ist kein bisschen ehrenrührig. Warum aber wirft man die »auslugende Verschmitztheit des Menschengeistes« siebzig Jahre später wieder auf den Markt, obwohl doch der Autor selbst das offenkundig gar nicht wollte?

Haffner selbst hat sich später sogar als »Nazi-Gewinnler« bezeichnet: Als ab 1933 jüdische Autoren entlassen wurden, emigrierten oder verhaftet, eingesperrt und ermordet wurden, rückten nichtjüdische Schreibkräfte nach – wie Haffner, der unter seinem Geburtsnamen Raimund Pretzel bis zu seiner Flucht für Magazine wie *Die Koralle* und *Die Dame* schrieb und 1937 Redakteur der *Neuen Modewelt* wurde. Haffner hat kein mit den Nazis sympathisierendes Wort geschrieben, und manche Formulierung kann eindeutig als kritischer Seitenhieb verstanden werden. Haffner war ein kultivierter, geistreicher Mann, seine Haltung zur Welt ließ sich in kein braunes Schema pressen. Es gelang ihm, für gleichgeschaltete Medien anpassungsfreie, nicht linienkompatible Texte zu schreiben, und seine Verteidigungen der Unpünktlichkeit und anderer als »undeutsch« verschriener Tugenden lesen sich durchaus amüsant. Die Qualität seiner in Freiheit geschriebenen Texte haben sie nicht. Wie sollten sie auch.

Der Hanser Verlag, der »Das Leben der Fußgänger« feilhält, legt sich mächtig ins Zeug, schwärmt vom »*anderen* Haffner« und behauptet, der Sammelband vermittle »eine Ahnung davon, was aus diesem Autor geworden wäre, hätten ihn die Zeitläufte nicht in eine andere Richtung gezwungen«. Den »Zeitläuften«, wie der Verlag das verblasen formuliert, ist immerhin geschuldet, dass aus Haffner ein politischer Autor wurde und kein

Schwadroneur vom Feuilleton. Die PR-Abteilung bei Hanser aber schreckt vor keiner Peinlichkeit zurück und bemarktschreit das Buch als »ein Lesevergnügen, wie man es sonst nur von Kerr und Polgar kennt«. Man kann ihn nicht mehr dazu befragen, aber zu seinen Lebzeiten hat der eigensinnige Konservative Haffner solch aufdringlichen Bohei nicht um sich veranstaltet.

Entdecker und Herausgeber der Haffner'schen Feuilletons ist der Historiker Jürgen Peter Schmied, Jahrgang 1974, der eine Dissertation über Haffner schreibt und im Nachlass fündig wurde. In seinem Nachwort bescheinigt Schmied Sebastian Haffner so generös wie holprig »das Talent, bestimmte Sachverhalte treffend zu veranschaulichen und auf den Punkt zu bringen«, und macht auch vor der Beleidigung »Querdenker« nicht halt. Schmieds Lieblingsvokabel ist das Leitartiklernull- und -füllwort »freilich«: »Beachtliche Fähigkeiten in der rhetorischen Kunst der Schwarzweiß-Malerei besaß Haffner freilich schon als Feuilletonautor.« Schmied, freilich, versteht von schönen Texten freilich nichts. Die mit Abstand lustigste Glosse, »Der Mitreisende«, in der Haffner Kamerad Mitmensch als lallbackige, lärmende und nervtötende Heimsuchung beschreibt, ist für Schmieds Geschmack nicht ausgewogen genug; er beklagt die »polemische Einseitigkeit« und die Bezugnahme auf »stereotype Ressentiments«, die den Text »freilich eingängig« machen. So schreibt ein Greis von dreißig.

Erst dem Anhang ist zu entnehmen, dass »Der Mitreisende« nie gedruckt wurde – wie viele der Texte aus dem Nachlass war er niemals zu lesen. Schmieds Methode, unveröffentlichte Texte neben solche zu stellen, die in den ersten fünf Jahren des Nationalsozialismus erscheinen konnten, ist hochgradig zweifelhaft. Bei Lesern, die nicht gezielt in den bibliographischen Erläuterungen nachsuchen, erweckt sie den Eindruck, man habe im Nationalsozialismus eigentlich doch ganz hübsche Texte publizieren können, wenn man sich nur von der Politik ferngehalten habe.

Auch das ist, bis heute, eine Folge der nationalsozialistischen Verwüstung: Unpolitische Feuilletons, die vor Nettigkeit und schmunzelnder Verschmitztheit strotzen, mögen die Deutschen immer noch am liebsten.

Rheinsberg. Kein Happy End

Die Geschichte von Kurt Tucholsky und Else Weil

1912 erschien Kurt Tucholskys »Rheinsberg – Ein Bilderbuch für Verliebte«. Die kleine Erzählung machte den jungen Autor auf Anhieb berühmt. Vor allem der freizügige Tonfall der Geschichte von Claire und Wölfchen war neu im wilhelminischen Deutschland: Eindeutig sexuell aneinander erfreut, turtelte da ein neckisches junges Paar, das weder verheiratet noch verlobt war.

Die Liebesgeschichte war nicht ausgedacht. Im Sommer 1911 hatte der 21-jährige Kurt Tucholsky ein aufregendes Wochenende in Rheinsberg verbracht – mit seiner Geliebten Else Weil. Die 22-jährige war eine der ersten Frauen, die in Preußen Medizin studierten, sie war intelligent, klug, schön, selbstbewusst und kein bisschen bange. Tucholsky taufte sie Claire, Claire Pimbusch. Den Namen hatte er Heinrich Manns Roman »Im Schlaraffenland« entliehen, in dem die Claire Pimbusch als »das verkörperte Laster« beschrieben wird. Auch den ganz spezifischen Ton von »Rheinsberg« bekam Tucholsky frei Haus geliefert. Sein Freund Walter Mehring notierte später: »Dies infantile Schlafzimmer-Gealber, das er phonetisch waschecht aufnotiert hat, das hatte Pimbusch ihm eingeflüstert.« 1931, als das hundertste Tausend von »Rheinsberg« erschien, schrieb Tucholsky: »Und Claire war real.«

Was wiederum der Titel eines Hörfunk-Features ist, das 1998 im WDR erschien: »Und Claire war real – Kurt Tucholskys unbekannte erste Ehefrau Dr. med. Else Weil«. Der Autor, Peter Böthig, leitet seit 1993 die Kurt Tucholsky-Gedenkstätte in Rheinsberg, die seit Ende

Januar 2004 Kurt-Tucholsky-Literaturmuseum heißt. Durch einen Eintrag ins Gästebuch der Gedenkstätte, in dem sich die »angeheiratete Nichte Gabriele Weil, London« im September 1997 für die Ausstellung bedankte, wurde Böthigs germanistischer Spürsinn geweckt. Es gelang ihm, Gabriele Weil ausfindig zu machen und mehr über Else Weil in Erfahrung zu bringen.

Tucholsky war ein scharfer Gänger, der 1920 in seinem Gedicht »Mikrokosmos« beklagte, »daß man nicht alle haben kann – !« Bald nach der Rheinsberger Affäre löste er die Verbindung mit Else Weil, verlobte sich mit der Geliebten Kitty Frankfurter, lernte später im Ersten Weltkrieg als Unteroffizier in Riga Mary Gerold kennen, verliebte sich in sie, entlobte sich, holte Mary Gerold nach Berlin, trennte sich wiederum von ihr – und heiratete im Mai 1920 Else Weil, zu der er den Kontakt nie ganz aufgegeben hatte. Das Gedicht »Mikrokosmos« endet analog mit der Bitte an die Eine: »Sei du die Welt für einen Mann … / weil er nicht alle haben kann.«

Der Wunsch war fromm, die Ehe hielt nicht lang – im März 1924 waren Tucholsky und Weil wieder geschieden. Else Weil schrieb: »Als ich über die Damen wegsteigen musste, um in mein Bett zu kommen, ließ ich mich scheiden.« Und Tucholsky, den Peter Böthig einen »innerlich zutiefst zerrissenen Polygamisten« nennt, einen »verquälten Egozentriker« und eine »unstete Künstlernatur«, beschrieb 1926 in einem Brief an seine zweite Ehefrau Mary Gerold seine verkorkste Haltung gegenüber ihrer Vorgängerin Else Weil: »Ich fühle ein immenses Schuldbewusstsein. Nicht, weil ich weggegangen bin, sondern wie ich weggegangen bin. Ich war nicht alt und reif genug, um das mit Takt und Delikatesse zu machen. Ich war plump, roh, dumm. Ich tat weh, obgleich ich wissen musste, weh zu tun. Und ich tat unnötig weh.«

Dennoch suchte der seit Mitte der zwanziger Jahre im Exil lebende Tucholsky bei seinen Besuchen in Berlin auch immer wieder Else Weil auf, »die ihn gepflegt und gehegt hat in seiner permanenten Pubertät, die seiner gedacht hat bis an ihr unseliges Ende in einem Nazi-KZ«, wie Walter Mehring schrieb.

Im Dezember 1933 entzogen die Nationalsozialisten Else Weil ihre ärztliche Approbation: »Mit kollegialer Hochachtung« nahm ihr der gleichgeschaltete Berliner Ärztebund das Recht auf Ausübung ihres Berufs – offiziell nicht deshalb, weil sie Jüdin war, sondern weil sie »keinerlei Front- oder Kriegsdiensttätigkeit während des Weltkrieges« vorweisen konnte. Bereits im März 1933 hatte Else Weil wieder ihren Mädchennamen angenommen – wie auch Mary Tucholsky, die seit 1928 von Tucholsky getrennt lebte, ab August 1933 wieder offiziell Mary Gerold hieß. Der Name Tucholsky bedeutete unter den Nationalsozialisten Verfolgung und Tod.

Denen Else Weil nicht entging, auch nicht durch Flucht. Im Oktober 1938 emigrierte sie, inzwischen 49 Jahre alt, über Holland nach Frankreich. Noch ein paar Jahre blieb sie am Leben, interniert im unbesetzten Frankreich, in Aix-en-Provence. Ohne gültigen Ausweis und ohne Aufenthaltsgenehmigung wurde sie im September 1942 als staatenlose Jüdin deportiert. Am 9. September 1942 verließ der Zug, in den auch Else Weil eingepfercht war, einen Vorort von Paris, am 11. September 1942 erreichte er Auschwitz. Von den Insassen dieses Transports in das Vernichtungslager überlebte niemand.

Hauptsache Wind

Klaus Biesenbach, die Kunst und die RAF

RAFRAFRAF, kläfft es durch den deutschen Wald. Andreas Baader, so ist seit Jahren zu erfahren, war ein Popstar und fuhr Iso Rivolta, seine Satin- und Samthosen, oder waren sie aus Seide?, stehen im Focus der neuen Popgeschichtsschreibung. RAF ist cool, RAF ist in – und, so betrachtet, ganz und gar öde: die abgelegte Mode von vorgestern beziehungsweise von morgen Mittag.

Projektionsfläche war die Rote Armee Fraktion von Anbeginn ihrer Existenz. Heinrich Böll nannte Ulrike Meinhof und ihre Truppe verklärend »Sechs gegen 60 Millionen«; das stimmte so zwar nicht, doch wenn man den Kopf-ab!-Terror der deutschen Massenmedien in den 70er Jahren in Rechnung stellt, bleibt immerhin die couragierte Haltung Bölls erkennbar, der kein guter Schriftsteller war, aber auch, anders als oft behauptet, kein blöder Gutmensch. Sondern ein mutiger Mann, der sich mit *Bild* und den hinter *Bild* stehenden »Aufhängen!«-Schreihälsen ernsthaft anlegte.

Für Vergangenes wie die RAF gilt wie für Hitler: Wer später die Deutungshoheit erringt, wer passend gemachte Geschichte in sein politisches Programm einordnet, erlangt damit Zugriff auf die politische Gegenwart. Kein Wunder, dass Ernst Nolte, Rainer Zitelmann und Guido Knopp in Deutschland als Historiker gelten; kein Wunder auch, dass der deutsche Publizismus sich um die RAF reißt. Dabei gäbe es durchaus einiges zu wissen: Ich erführe gern, was denn wirklich geredet und beschlossen wurde bei den Sitzungen des Kleinen Krisenstabs 1977, ungekürzt, unzensiert.

Andere bleiben lieber beim Maggi- und Mystifix RAF, das ist in jeder Hinsicht günstiger. Die Berliner Ausstellungsfirma »Kunst-Werke« pflegt unter ihrem leitenden Kurator Klaus Biesenbach ein Faible für Oberflächenreize; ab November 2004 sollte dort, das war der Plan, eine Ausstellung unter dem Titel »Mythos RAF« gezeigt werden. Kaum war die Sache angekündigt, gab es den erwartbaren Ärger: Guido Westerwelle, Otto Schily, Gerhard Schröder, die Kulturstaatsministerin Christina Weiss und Angehörige der von RAF-Leuten Ermordeten protestierten vehement und hatten dabei jede Menge Gratismoral auf der Pfanne. Das war selbst für naivste Geister vorhersehbar, doch die »Kunst-Werke« des null naiven, hoch gerissenen Klaus Biesenbach sagten Huch! und klemmten die Lämmerschwänze ein.

Was man über die »Kunst-Werke« und ihren Chef Klaus Biesenbach wissen muss, schrieb Lutz Hachmeister am 23. 8. 2003 in der *Süddeutschen Zeitung*: »Nach dem ersten Schrecken über die Heftigkeit der Debatte hatte Kurator Klaus Biesenbach das publizistische Getöse im Vorfeld als PR-Chance begriffen und sich ins Büßergewand gehüllt. ›Ich möchte, dass die Jugendlichen das nicht unreflektiert sehen als eine Art *Bonnie & Clyde*-Hollywood‹, zitiert der *Wiener Standard* seine volkspädagogisch korrekte Einsicht. Zerknirscht hat er zugegeben, zu spät an die Familien der RAF-Opfer gedacht und geschrieben zu haben, ist jetzt aber eifrig um Kommunikation mit jenen bemüht, die eigentlich in dieser Sache gar nicht kommunizieren wollen. ... Was am Verhalten der Ausstellungs-Macher am meisten verblüfft, ist ihr grenzenloser Opportunismus.«

Biesenbach hat, als Wind von vorn kam, eilig eingestanden, dass es ihm an Takt und Feingefühl mangelt. Für jeden, der mit seiner Person oder seinen »Kunst-Werken« je in Berührung kam, ist das nichts Neues. Vergeblich wartet man auf das eigentliche Testimonium Biesenbachs in eigener Sache: Dass er sich für den Gegenstand der Ausstellung nicht interessiert, dass es ihm an der nötigen Intelligenz ebenso mangelt wie an Rückgrat, um einen solchen Strauß in Würde auszufechten. Es mag im Kunstbetrieb ausreichen, eine von Geltungssucht, Intriganz, Blasiertheit und Geldabgriff notdürftig zusammengehaltene Existenz zu sein. Wenn man sich mit Staat und Staatsfeindschaft öffentlich beschäftigt, muss man Substantielleres zu bieten haben.

Doch auf den Reklameeffekt des schon knapp anderthalb Jahre vor Ausstellungsbeginn angeleierten Geschreis kann Biesenbach nicht verzichten; hier ist ganz billig Ruhm zu erwerben, und 100 000 Euro Fördergeld wollen schließlich auch eingefahren sein. Also zieht sich Biesenbach in dieser politischen Auseinandersetzung auf die Kunst zurück – so ist man es von den Windhunden des Gewerbes gewöhnt. »Die Kunst muss bei dieser Ausstellung im Mittelpunkt stehen«, heißt es jetzt, um den »Niederschlag von Terror in der Kunst« soll es nun gehen, um eine »Fallstudie am Beispiel der RAF«. So geht das: Wer selbst ein anpassungseifriger Labberlappen ist, hat dem anpassungseifrigen Labberlappen Guido Westerwelle eben nichts entgegenzusetzen als dessen Spiegelbild.

Die RAF, ein tief evangelischer deutscher Verein, hatte viel mit den unangenehmsten ihrer Gegner gemein. Wie später Richard von Weizsäcker predigte die RAF: Im Mittelpunkt unserer Arbeit steht der Mensch. Analog ist die neue Position der »Kunst-Werke« zu verstehen: Im Mittelpunkt dieser Ausstellung müssen die »Kunst-Werke« stehen, in deren Mittelpunkt wiederum Klaus Biesenbach steht, die in Berlin kontemporär gültige Maßeinheit für Aufdringlichkeit und Windmacherei.

Dass die Ausstellung nach all dem Tamtam notgedrungen ohne das Fördergeld zustande kommen muss, ändert daran nichts: Hier versucht einer nach außen hin eine Haltung zu wahren, die er nie hatte.

Die Papstaudienz

Joseph Fischers Beichtballade
heimlich protokolliert

Ich war beim Heiligen Vater
Beim Heiligen Vater: Ich.
Ich nannte ihn: Heiliger Vater
Ja, Heiliger Vater, Ich.

Wir waren voller Sorge, wir zwei
Der Heilige Vater und Ich.
Und wie wir uns sorgten, da war'n wir schon drei:
Ich – Heiliger Vater – Ich.

Er merkte das, und er fragte mich:
»Was willst du von mir, du Lurch?«
Ich schaute sehr ernst und bekreuzigte mich
Und dachte: Da musst du jetzt durch.

»Heiliger Vater, Ich wär so gern Gott«
Sagte Ich ihm ins Gesicht.
Er wiegelte ab: »Du bist mir zu flott.
Den Gottjob, den geb ich dir nicht.

Und schmink dir auch ab, du wärst Jesus
Für die Klasse fehlt dir Gewicht.
Du prahlst nur mit Angebergestus
Zum Anbeten bist du nicht.«

Heiliger Strohsack – er war so gemein.
Papst, dachte Ich: Alte Zecke!
Doch das morsche Tattergebein
Hatte mich längst in der Ecke.

Heiliger Bimbam! Ich erkannte die Lage:
Er war der Chef, Ich zweiter Mann.
Doch bald schon, gar keine Frage
Wäre er pfhhhht und Ich dran.

Ich sagte devot: »O mein Heiliger Stuhl!«
(Bei Stuhl dachte Ich an Blut.)
»Hey Pope, you are great, you are real fuckin' cool!
Ehrlich: super, astrein, echt saugut.«

Der Papst winkte mir etwas parkinsonhaft
Aber durchaus befriedet zu
Und sagte: »Kleiner, du hast es gerafft.
Ich bin hier wichtig, nicht du.

Das Spiel läuft nach meiner Predigt
Du rufst jetzt die Fotografen.
Du spurst – oder du bist erledigt.
Ich brauch keinen Gott, um zu strafen.«

Und ganz genauso kam das aufs Bild:
Zwei Stirnen, grübelnd, in Falten.
Zwei Männer in Sorge, doch friedlich und mild:
So hockte Ich brav mit dem Alten.

Ich sagte: »Der Heilige Vater und Ich
Wir sind bis zum Rand voll Bedenken!
Können denn er, der Vater und Ich
der Welt den Weltfrieden schenken?«

Die Welt unterdrückte ein Gähnen
Es gab allenfalls matten Applaus.
»Tschüssikowski, Medienhyänen!« –
Papst Johannes wollte nach Haus.

Er hatte genug vom Theater.
Ich schob eilig den rollenden Stuhl
Und versenkte ihn, mitsamt dem Vater
Langfristig in einen Pfuhl.

Nun bin Ich heiliger Bimbam
Auch heiliger Strohsack schon
Heilig wie Vater und Fischer
Heil mir – Heil Joseph Fischer!
Ich Heiland, Ich, Menschenfischer
Ich, Joseph, Gottmenschensohn …

Was erlauben Buuush?!

Was haben Claudia Strunz, George W. Bush und sehr viele andere Menschen gemeinsam? Sie sind der englischen Sprache nur rudimentär mächtig. Die Tätowierung, mit der Frau Strunz sich im Verlauf der Popularisierung ihres Geschäfts- und Geschlechtspartners Stefan Effenberg zum Gespött machte, könnte ihr George W. Bush persönlich beigebracht haben. »Real Love Never Die« – das klingt, als käme es direkt aus dem Munde des Mannes, der sich in seinen eigenen Worten diesen Reim darauf machen könnte: The 43rd President of the United States never lie.

Der Präsident lügen nie, und echte Liebe niemals sterben – so sprechen sie, so spricht George W. Bush: »Laura und ich merken gar nicht, wie schlau unsere Kinder ist, bis wir eine objektive Analyse hören.« Ob Ein- oder Mehrzahl ist Bush ganz egal: »Und ich – es ist – ich bin ein stolzer Mann, die Nation zu sein, die auf so wunderbaren Werten beruht.« Man kann das für Bauernschläue halten: George W. Bush, im Wissen, dass schon der bloße Anhauch von Intelligenz unpopulär ist, und dass intellektuelles Auftreten regelrechten Massenhass entfachen kann, stellt sich ein bisschen sprachtrottelig an und heimst dafür Sympathien ein. Niemandem das Gefühl zu geben, ihm kopfmäßig überlegen zu sein, ist eine gern genommene Strategie derjenigen, die Wert darauf legen müssen, bei möglichst vielen beliebt zu sein. Auf die Stimmen von ein paar tausend Leuten, die man leicht als Klugschnacker, Nörgler und Naserümpfer denunzieren kann, ist dann mühelos verzichtet. Die Masse macht es, das Volk, und dem gilt einer, der nicht zu clever ist, deshalb oft als redlich, als Einervonuns.

Der Hauptgrund für Bushs sprachliche Aussetzer liegt in der Natur dessen, was man seine Arbeit nennt: Ein Mann, der aus beruflichen Gründen viel wegzusprechen hat, redet einen Haufen Kokolores zusammen. Deshalb sagt Bush über das Kyoto-Protokoll: »Erstens würden wir weder ein Abkommen akzeptieren, das nicht ratifiziert worden wäre, noch ein Abkommen, von dem ich glaube, dass es für das Land sinnvoll ist.« In den Ohren des Argwöhnischen mag das beweiskräftig und freudsch fehlleistend verräterisch klingen, als gebe da einer unfreiwillig seine wahren Absichten preis. Es handelt sich aber um ganz banalen Verschleiß, um simple Betriebsverblödung: Die Vielredner aller Couleur werden auf dem Weg zu ihren Auftritten kurz informiert, »gebrieft«, wie das in ihrem aufgeblasenen Nullsprech heißt - sie können schon froh sein, wenn sie wissen, in welcher Stadt sie vor welchen Leuten zu welchem Thema sprechen. Je nach Talent, Improvisationskunst und Charme des Auftretenden kann das passabel über die Bühne gebracht oder völlig vergeigt werden.

George W. Bush ist nicht der einzige Stammler und Fettnäpfchentreter auf der Welt, aber über seine Ausflüge ins Peinliche lachen viele am liebsten. Das liegt einerseits am Amt - der Präsident der Vereinigten Staaten gilt gemeinhin als der mächtigste Mann der Welt - und andererseits am derzeitigen Amtsinhaber. Da wirklich etwas sehr, sehr Vollgummihaftes die Gesichtszüge des George W. Bush umweht, traut kaum jemand ihm die Gerissenheit zu, sich so dumm zu stellen wie die meisten, damit die dann denken dürfen, sie seien so klug wie er. Für so komplizierte, nahezu dialektische Sperenzchen scheint er einfach nicht helle genug. Umgekehrt glaubt man sofort, dass er sich beim Versuch, eine Brezel zu essen, eine mittlere Gesichtsverletzung zugezogen habe - man glaubt es, weil Bush simpel genug gestrickt dazu scheint. Zu dumm zum Milchholen: fällt hin und verbiegt die Mark, hätte man früher über so einen gesagt. Es bereitet Vergnügen, wenn ein im vollen Ornat der Macht an- und auftretender Mann sich peinlich entblößt. »Sometimes even the President of the United States must have to stand naked«, sang Bob Dylan in »It's allright, Ma«. Das bezog sich auf Richard Nixon und den Watergate-Skandal, bekam durch die Clinton-Lewinsky-Affäre einen anderen Zungenschlag und gilt für George W. Bush, wenn er sich in Reden und Interviews zum Sprechobst macht.

Dennoch haftet dem Gelächter über Bush und seine sprachliche Insuffizienz etwas Schales an: Die Gegner von Bush dürfen sich damit wechselseitig versichern, wie viel klüger als dieser Machtmann sie doch seien. Überlegen weist man auf einen neuen Lapsus des Präsidenten hin und lacht affirmativ: Er ist so dumm, und wir, die wir seine Dummheit sehen, die er im Gegensatz zu uns nicht als solche wahrnimmt, weil es zum Wesen der Dummheit gehört, sich selbst nicht erkennen zu können, wir sind ja so schlau. Diese Selbstbestätigung ist langweilig und bloße Besserwisserei, also das Gegenteil von Humor. Der Triumph der mittelmäßig denkenden und mittelmäßig empfindenden Lehrersorte Mensch über vorlaute Stümper ist kein wahrer Genuss – er hat etwas präpotent Auftrumpfendes.

George W. Bush ficht all das ohnehin nicht an. Er kann, sprachlich voll entgleist oder nicht, tun und lassen, was er will: eine »Achse des Bösen« erfinden und sie dann ganz real militärisch angreifen; Usama bin Laden zum Menschheitsfeind Nummer eins erklären und die Rolle des Haupt- und Staatsschurken kurz darauf dann praktischerweise mit Saddam Hussein besetzen, weil das gerade günstiger ist, und er kann einen mörderischen christlichen Fundamentalismus zum letzten Weisheitsschluss der Menschheit verklären. Ob Bush sich dabei verspricht oder nicht, ob er Unfug redet oder mit Ach und Krach durch den Text kommt, ist nahezu gleichgültig. Bei den Selbstinszenierungen seiner Administration spielt Sprache eine sehr geringe Rolle. Priorität hat das in Szene gesetzte Bild - das ist es, was bleibt und deshalb zählt. George W. Bush auf dem Platz des Co-Piloten auf einem Flugzeugträger landend, in schneidiger Uniform eine Rede an die Welt schwingend: darum geht es. Was im Einzelnen gesagt wird, ist marginal. Das Bild des Weltenlenkers und -retters George W. Bush wird in die Netzhäute gebrannt.

Auch das Tödliche kann strunzdumm und lächerlich aussehen; es ist deswegen aber nicht minder tödlich. Mit den Worten des Fußballtrainers Trapatoni gesprochen: Was erlauben Buuush?! - Alles. George W. Bush kann sich wahrhaftig alles erlauben, nicht nur zahllose vergleichsweise läppische rhetorische Ausrutscher, über die zu lachen ein Trost ist für alle, die eines solchen Trostes bedürfen.

Wenn der Doktor kommt

Eine Bahnhofs-Mission in Leipzig

An die tausend Menschen stehen Schlange vor McDonald's im Leipziger Hauptbahnhof am Buchmesseneröffnungsdonnerstag. Doch der Eindruck, hier sei ein Massenselbstmord geplant, täuscht. Die Menschen stehen nicht an für Bratfettverdunstung, sondern für Manna: Direkt neben der Filiale der Stinkemänner liegt die Buchhandlung, in der Helmut Kohl, genannt »Doktor Helmut Kohl«, zur Signierstunde avisiert ist. Ehrfurcht brandet dem 73-jährigen entgegen, als er pünktlich um 16 Uhr eintrifft. Ein Raunen geht durch den Bahnhof; der große, wuchtige Mann erfährt fast religiöse Verehrung – sein Doktorgrad ist spürbar mit spirituellem Gehalt aufgeladen: Die Menschen pilgern zu Kohl, als sei er ein Medicus, ein Wunderheiler, der Wunden heilt. Seelische Wunden sind es, die Wunden der herrlichen Einheit – die ER, der Messias in dick, den Deutschen gebracht hat. So will es die Legende, und so wollen es viele Deutsche für immer im Schatzkästlein ihrer Erinnerung ablegen.

Selige Dankbarkeit entströmt den Wartenden – schon dafür, dass Helmut Kohl nicht Gerhard Schröder ist, lieben sie ihn. Der Name Helmut Kohl steht für die gute alte Zeit, bevor der Sozialstaat komplett abgeräumt wurde – das besorgt nach ihm die Sozialdemokratie. Bei Kohl gab es große Geschenke für die Großen und kleine Geschenke für die Kleinen; Korruption wird als Teil der menschlichen Natur und deshalb als angenehm empfunden. Vergessen sind die Affären, die Peinlichkeiten, die Schwarzgeldkonten. Kohls mafiöses Gebaren hat ihm nicht geschadet, sondern genützt. Die Menschen mögen Kriminalität zugunsten der eigenen Familie, das hat so etwas Warmes, Menschliches, Versorgendes.

Nicht nur richtige Menschen, auch Journalisten gehen gern im sicheren Hafen Helmut Kohl vor Anker und fühlen sich wohl in ihm. *FAZ*-Mitherausgeber Frank Schirrmacher schwärmt: »›Der Platz, an dem ich schreibe‹ heißt eine schöne Skizze von Arno Schmidt, und der Platz, an dem man schreibt, ist seit Dürers Kupferstich ›Der heilige Hieronymus im Gehäus‹ von 1514 ein Ort größter symbolischer Verdichtung. ... Der Platz, an dem Helmut Kohl seine Erinnerungen schrieb, befindet sich im Keller seines Hauses in Oggersheim.« Arno Schmidt – Albrecht Dürer – Helmut Kohl: drei deutsche Säulen. Doch Schirrmacher untertreibt noch: Der Tag, an dem Helmut Kohl den Deutschen seine Erinnerungen schenkte, ist angemessen nur vergleichbar dem Moment, da Gott der HErr Moses die Zehn Gebote in die Hand drückte.

Die allerdings den Vorteil haben, schön kurz zu sein – Kohls Buch, ein pfundschweres Trumm von 700 Seiten, lässt sich nicht so leicht auswendig lernen. »Erinnerungen 1930–1982« heißt es – Helmut Kohls Elefantengedächtnis ist das erste, das bis zur Stunde seiner Geburt zurückreicht. Auch das kann nur der Doktor, der Doktor Helmut Kohl. Und deswegen ist das Buch, das ich nach nur 25 Minuten Anstehen endlich erwerbe, mit einem Preis von 28 Euro eindeutig zu billig. So ein Gewaltwerk muss mehr kosten – räumt es doch, so sagt es Doktor Kohl selbst, endlich auf mit den »politischen Klischees« und den »Legenden über die historischen Zusammenhänge«, die »bereits zu verdrängen drohen, wie es wirklich war«.

Wie aber war es wirklich, also, wie man so sagt, hinter den Kulissen? Auch nicht anders als davor? »Wichtig war für mich vor allem, geistig auf dem Boden der Heimat zu stehen«, schreibt Doktor Kohl. Das ist ihm zweifellos gelungen, und so kann er auch als Historiker nicht ohne Stolz Bilanz ziehen: »Das Dritte Reich dauerte mit zwölf Jahren deutlich kürzer als meine eigene Kanzlerschaft, um nur die zeitliche Dimension einmal zu vergleichen.« Man soll Niemanden unterschätzen, aber, wenn Einer sich diesen Hitlervergleich freiwillig in seine eigenen Memoiren hineinschreibt, dann haben sich die 28 Euro allein dafür doch schon gelohnt.

Doch das lese ich erst später – vorher trage ich dem Altkanzler mein Exemplar entgegen, dringe aber nicht in seine Aura vor: Ein Kordon von Sicherheitsmännern schirmt den Giganten ab, drei bis vier Meter vor dem Kanzler der Einheit ist Schluss. Mein Buch wird mir entrungen, zu ihm getragen, dann bekomme ich es wiedergebracht, versehen mit einer Signatur, die aussieht wie zwei Steno-Schnipsel, die V Xun heißen könnten. Das ist alles – »persönliche Widmungen gibt es nur für Kinder«, sagt eine resolute Referentin. Helmut Kohl sitzt am Tisch und signiert wie am Fließband, V Xun, V Xun. Die Zunge rutscht ihm zwischen die Lippen, es sieht nicht vorteilhaft aus und gar nicht intelligent. Es macht nichts – Helmut Kohl kann nichts mehr etwas anhaben. »Bitte weitergehen«, fährt mich ein Security-

Helmut Kohl
Erinnerungen
1930 – 1982

Droemer

scherge in strengem Ton an. Ich weiche, mein Pfund Kohl davontragend.

Draußen auf der Straße bekomme ich von einer jungen Frau eine Einladung zu einem »City-Gottesdienst« – die Christen werden auch immer gewollt moderner und versuchen, wie das heute heißt, die Synergie-Effekte zu nutzen: Auf das Flugblatt ist ein Christusfoto aus Mel Gibsons Bluter-Epos »The Passion of the Christ« gedruckt. Zu einem »City-Gottesdienst« würde ich niemals gehen, da bin ich konservativ, und einen richtigen Gottesdienst hatte ich schon, bei Doktor Helmut Kohl, der ganz sicher sehr bald selig gesprochen wird.

Sie springen wieder. Im November, wenn es dunkel wird, um Weihnachten herum, aber auch im Frühling stehen Selbstmörder in großen Quantitäten an den Bahnstrecken. Sehnsuchtsvoll starren sie auf schnelle Züge, die durchs Land zischen. Doch nicht Fernweh lässt sie träumen. Sie wollen nirgendwo mehr ankommen; was ihre Augen glänzen lässt, ist die Aussicht auf einen schnellen, preisgünstigen Tod.

Ganz oben in den Charts stehen bei Familie Tschüs die ICE-Strecken; da, wo die Züge richtig Fahrt aufnehmen, stirbt es sich offenbar am besten. Einige Springplätze sind so stark frequentiert, dass Automaten aufgestellt werden mussten; hier zieht der Selbstmordkandidat zunächst diszipliniert eine Nummer und darf sich erst vor den Zug werfen, wenn er aufgerufen wird. Vordrängler machen sich auch hier unbeliebt. In diesem Punkt sind Selbstmörder wie alle anderen: Bitte immer schön der Reihe nach, Extrawürste werden für niemanden gebraten, alles muss seine Ordnung haben. Dass einer vom Stamme Spring ist, gibt ihm noch lange nicht das Recht, aus der Reihe zu tanzen und den Anarcho raushängen zu lassen.

In der Warteschlange vertreibt man sich die Zeit, so gut man kann. Zwar gibt es auch hier die ewigen Nörgler – Miesmacher, die sich von der Gruppe isolieren, autistisch vor sich hin brüten und schlechte Laune verbreiten. Geselligere Charaktere haben Campingstühle und Kühltaschen mitgebracht und stärken sich mit Wurstbroten und Pils. Jovial werden Schnitzel und Klappstullen angeboten, schier aus dem Nichts bilden sich Skat- und Doppelkopfrunden, in der Ersten Klasse gibt es Champagner und kalten Fasan. Das Restleben bis zur Durchfahrt des letzten Zuges kann man sich doch schön machen – das ist alles eine Frage der inneren Einstellung.

Wenn der Andrang groß ist und die Zeit sehr lang wird, entstehen sogar Bekanntschaften. Manche stellen sich einander mit Vornamen vor, zügig geht man zum vertraulichen Du über, aber das ist wie bei anderen anonymen Grüpplern auch: So viele Andreasse, Kläuse und Jürgens kann es eigentlich gar nicht geben, da sind vor lauter Schamhaftigkeit wohl falsche Namen im Spiel. Schade – man muss die Welt doch nicht mit einer Lüge auf den Lippen verlassen.

Wer an der Reihe ist, geht, ganz nach individuellem Temperament, still und leise oder verabschiedet sich herzlich. Hände werden geschüttelt, Schultern geklopft, manch aufmunterndes Wort wird gesprochen: »Mach's gut«, »Wird schon werden«, »Kopf hoch«, »Einer geht noch«, »Hau rein ist Tango«; sensiblere Naturen bevorzugen das klassisch-stilvolle, sacht tränenerstickt gehauchte »Adieu«. Dann tritt der Kandidat ans Gleis und konzentriert sich wie ein Hundertmeterläufer beim Olympischen Finale.

»Kevin, spring nicht!«, ruft einer dazwischen – der als »Kevin« Angesprochene dreht sich verärgert um. »War nur Spaß!«, lenkt der Rufer ein, aber damit kommt der Klassenclown nicht durch. Er wird wegen unfairen Verhaltens disqualifiziert und für eine Woche gesperrt.

Ja, sie sind ein mopsfideles, allseits beliebtes und bemitfühltes Häufchen, unsere Selbstmörder. Nur wir Lokomotivführer können sie nicht ausstehen. Das war einmal ein Traumberuf, Lokführer – schick mit Uniform und Mützchen durchs Leben gondeln und alles ganz gelassen sehn. Aber in den Selbstmordhochkonjunkturwochen nimmt der Lokführer besser Urlaub. Sonst sieht er rot.

Neue Wege ins Jenseits

Pietät auf Gummisohlen: Der marktführende deutsche Bestattungskonzern Ahorn-Grieneisen akquiriert seine zukünftige Kundschaft auch bei Lesern von Kriminalromanen

Im Herbst 2001 erschien der erste Kriminalroman des Berliner Privatgelehrten Tom Wolf: »Königsblau – Mord nach jeder Fasson« spielt zur Zeit Friedrichs des Zweiten, den man den Großen nennt. Hauptfigur des Romans ist Honoré Langustier, Zweiter Hofküchenmeister Friedrichs, der seinem Chef nicht nur größte kulinarische Freuden bereitet, sondern für ihn mit Geist und kriminalistischem Spürsinn eine mörderische Intrige aufdeckt. Bei der Zeichnung des opulenten Helden kam Wolf seine Bekanntschaft mit dem Stuttgarter Meisterkoch Vincent Klink zugute, dem Langustier deutlich nachempfunden ist.

Neidisch sein ist das größte Kompliment, das man einem Kollegen machen kann, und voller Neid wollte ich das bewundernswert gut recherchierte und mit sprachlichem Reichtum gesegnete Buch nach dem Auslesen ins Regal stellen, als ich auf der hinteren Umschlagseite las: »Auch Tote brauchen Hilfe. Ein Fall für Ahorn-Grieneisen.« Was war das? Ich blätterte zurück und fand auf den letzten Seiten des Buches, da, wo die Werbung steht, weitere Indizien für einen seinerseits interessanten Fall. Unter dem Faksimile eines Fingerabdrucks stand zu lesen: »Sie wissen immer vorher, wer der Täter ist? Sie wollen immer wissen, wie alles kommen wird? Wollen Sie wissen, was aus Ihnen einmal werden wird?«

Staunend blätterte ich um und las weiter: »Wollen Sie dem Zufall überlassen, wie Sie eines Tages diese Welt verlassen werden?« Auf einem Foto war eine junge dunkelhaarige Frau von etwa 30 Jahren zu sehen, die den Kopf nach Art Sabine Christiansens schief legte und ihn in die rechte Hand stützte. Sie trug eine gepunktete Bluse, deren Ausschnitt ihre linke Schulter entblößt ließ. Über die linke Seite ihres Halses fiel eine lockige Haarsträhne. Ihr gegenüber saß ein Mann mit der melierten Grandseigneurausstrahlung, wie man sie von Fotografien des Schauspielers Stewart Granger und des Verlegers Siegfried Unseld kennt. So kopfgeneigt verständnisinnig wie dieser Mann dasaß, seriöselte auch der Text weiter: »Wir glauben, dass es besser ist, über die eigene Bestattung nachzudenken, wenn man keinen unmittelbaren Anlass hat. Denn es ist beruhigend, einmal die Dinge geregelt zu haben. Sie sind sicher, diese Welt eines Tages so zu verlassen, wie es dem eigenen Anspruch entspricht und die Angehörigen nicht zusätzlich belastet. Das braucht kompetente und einfühlsame Beratung. Ahorn-Grieneisen. Auf uns ist Verlass.«

Einfühlsam, ja, das stimmte, brrrr. Schaudernd meinte ich schon, eine tröstende Bestatterhand auf meiner Schulter und einen einbalsamiert öligen Kondolenzblick feuchtwarm auf meinem Gesicht zu spüren, als ich mich erinnerte: Ahorn-Grieneisen, das kannte ich doch! Als ich 1983 nach Berlin kam, hatte die Bestattungsfirma noch Grieneisen geheißen, ohne Ahorn, doch ihre Filialen waren bereits so zahlreich gewesen, dass sie einen Sprayer zu einem Graffito inspiriert hatten: »Schock für Berlin – Grieneisen tot!«

Mittlerweise war Grieneisen zu Ahorn-Grieneisen geworden und, wie man das wohl nennt, Bestattungsmarktführer in Deutschland. Ohne Ahorn-Grieneisen unter die Erde zu kommen, ist nicht leicht, denn auch viele nominell selbständige Bestatter sind längst der Bestattungskette des Bestattungsdiscounters Ahorn-Grieneisen angeschlossen. Und dieser Bestattungsgigant, Bestattungsriese und Bestattungsmogul streckt freundlich die Hände aus nach neuer Kundschaft: nach Krimilesern, die ja zumindest theoretisch mit dem Tod ebenfalls auf Duzfuß stehen. Mit hohler Stimme ruft sie der Bestattungsdoyen Ahorn-Grieneisen: Gebt mir die Gebeine / Es sind alles meine!

Top-Bestatter eines ganzen Landes wird man nur durch harte Trauerarbeit, und so feilt Ahorn-Grieneisen weiter an seinem öffentlichen Auftritt. In Tom Wolfs drittem Krimi »Rabenschwarz – Zepter und Mordio« findet sich eine modifizierte Variante der ersten Anzeige: Statt der nacktschultrig-schutzbedürftigen jungen Frau sieht man nun einen älteren Zausel mit Motorradhaube, hinter dem sein Hund hockt, der eine Art Fliegerbrille trägt. »Wenn ich meine letzte Reise antrete, kümmert euch um meinen besten Freund«, ruft der Motocyclist uns zu – seine Geburts- und Todesdaten sind ebenso angegeben wie die des Tieres: »Siegfried, geboren 27. März 1937, gestorben 30. Juni 2012; Ronja, geboren 7. September 1998, gestorben 2. August 2014.« Das ist dann quasi Zukunftsmusik.

Auch der Begleittext wurde überarbeitet und endet nun mit der Aufforderung: »Ahorn-Grieneisen – Bleiben Sie sich treu.« Hier gibt es sie, die Möglichkeit, sich über den Tod hinaus selbst treu zu bleiben: bei Ahorn-Grieneisen. Noch besser gefällt mir der ebenfalls neu formulierte Satz: »Dann sind Sie sicher, diese Welt einmal so zu verlassen, wie es Ihren eigenen Vorstellungen entspricht, und Ihre Angehörigen nicht zusätzlich belastet werden« – klingt er doch, als sei er direkt dem Thomas-Mann-Smash-Hit »Der Tod in Grammatik« entsprungen.

Gern möchte ich dem Bestattungsmulti einen Werbeslogan verkaufen: »Ahorn-Grieneisen - neue Wege ins Jenseits.« Übertrieben wäre das nicht: Im Berlin-Schöneberger Haupthaus der Firma fand bereits eine öffentliche Krimilesung statt - im Sarglager, wo die Besucher es sich zwischen Särgen und Leichenhemdchen so richtig gruselgemütlich machen konnten.

Im März 2004 erschien der fünfte Preußen-Krimi von Tom Wolf: »Smaragdgrün - Teuflische Pläne«. Dem Sponsor Grieneisen hätte man einen anderen Titel gewünscht: »Eisengrien - Sterben ist unser Gewinn.«

Der Hans im Unglück der deutschen Literatur

Über Hans Fallada

»O du Falada, da du hangest«, sagt die Königstochter im Grimm'schen Märchen »Die Gänsemagd« zum Kopf ihres toten Hengstes Falada, den ein Schindersknecht an ein finsteres Stadttor hingenagelt hat. Aus diesem Falada, der noch im Tod nichts als die Wahrheit sagen konnte, machte sich ein junger Mann namens Rudolf Ditzen mit einem hinzugefügten »l« sein Pseudonym – und wurde Hans Fallada, der Hans im Unglück der deutschen Literatur.

Hans Falladas Leben ist ein Rohstoff für viele Romane: Am 21. Juli 1893 wird er in Greifswald als drittes Kind des Landrichters Wilhelm Ditzen geboren und auf den Namen Rudolf Wilhelm Adolf Ditzen getauft. 1899 wird der Vater zum Kammergerichtsrat in Berlin befördert, neun Jahre später zum Reichsgerichtsrat in Leipzig. Doch der Sohn hält von Anfang an nicht Schritt. Er gilt als zu zart, zu weich, er ist kränklich; eingeschult wird er erst kurz vor seinem achten Geburtstag, bleibt zweimal sitzen und wird pädagogisch kompetent gequält. Sein Lateinlehrer ruft ihn bevorzugt mit den Worten auf: »Zwar weiß er nichts und wird auch diesmal nichts wissen, aber er diene uns allen zum abschreckenden Beispiel!« Fallada flüchtet sich in die Literatur. Schon als Kleinkind hatte er verlangt: »Mackerohr vorlesen« – »Max und Moritz« von Wilhelm Busch. Früh entdeckt er Karl May, mit 14 hat er die umfangreiche Bibliothek der Eltern intus.

Als 15-Jähriger wird er bei einem Fahrradausflug von einem Fleischerwagen erfasst und überrollt, liegt drei Monate im Krankenhaus und wird in der Schule endgültig ein

Außenseiter. 17-jährig unternimmt er mit den Wandervögeln eine Reise nach Holland, die für ihn mit einer Typhusinfektion endet. »Welche sind, die haben kein Glück«, sagt eine Figur in Falladas »Bauern, Bonzen und Bomben«. Mit knapp 18 wird er nach ernsthaften Selbstmordplänen erstmals in die Psychiatrie eingewiesen, in ein Sanatorium in Berka bei Jena; nach seiner Entlassung besucht er wieder ein Gymnasium, in Rudolstadt. Wie sein Mitschüler Hanns Dietrich von Neckar will Fallada Schriftsteller werden, beide ergehen sich in langen Briefen auch über die Möglichkeiten, gemeinsam Selbstmord zu begehen. Am 17. Oktober 1911 ziehen sie in der Morgendämmerung auf den nahgelegenen Uhuberg; sie haben geliehene Revolver dabei und planen, sich gegenseitig zu erschießen. Den Doppelsuizid wollen sie so als Duell tarnen, aber nur der Mitschüler bleibt tot liegen. Hans Fallada wird mit einem Streifschuss an Herz und Lunge gerettet – und unter Mordanklage gestellt. Er wird erneut psychiatrisch untersucht und in die Nervenheilanstalt Tannenfeld eingewiesen, wo er gut anderthalb Jahre bleibt.

Nach seiner Entlassung wird er von seinem Vater als Landwirtschaftslehrling auf dem sächsischen Rittergut Schloss Posterstein untergebracht; er steht weiterhin unter Polizeiaufsicht. Die Lehre schließt er erfolgreich ab – und erhält, erstmals im Leben, ein gutes Zeugnis. 1914 meldet er sich kriegsfreiwillig; nach nur elf Tagen wird er als untauglich entlassen. Im Zivilleben geht es für ihn voran, er wird Landwirtschaftsinspektor in Hinterpommern, Assistent der Landwirtschaftskammer in Stettin und Ende 1916 wissenschaftlicher Mitarbeiter der Kartoffelbaugesellschaft in Berlin. Doch die bürgerliche Fassade täuscht. Fallada ist alkohol- und morphiumsüchtig. 1917 macht er in Carlsfeld bei Halle seinen ersten Entzug. Viele werden folgen.

Aber Fallada schreibt – Gedichte, und seinen ersten Roman, über die Leiden eines jungen Mannes in der Pubertät, der 1920 unter dem Titel »Der junge Goedeschal« bei Ernst Rowohlt in Berlin erscheint. Zwischen der Fertigstellung des Manuskripts und der Publikation entzieht Fallada monatelang im Privatsanatorium Tannenfeld und in Carlsfeld. Er arbeitet erneut als Rechnungsführer auf verschiedenen Landgütern in Mecklenburg, Pommern und Westpreußen, beginnt immer wieder Drogentherapien, bricht sie ab, arbeitet wieder und begeht, um Morphium und Schnaps zahlen zu können, kleinere Unterschlagungen. Er wird erwischt, zu einem halben Jahr Gefängnis verurteilt und sitzt zwei Drittel der Strafe im Gefängnis seiner Geburtsstadt Greifswald ab.

Er schreibt weiter, verkauft Artikel an renommierte liberale Blätter wie *Das Tagebuch* und die *Literarische Welt*, ist im Brotberuf Bilanzverwalter auf Landgütern. Einen Tag ohne Kognak zum Frühstück und ohne Morphium gibt es nicht. 1925 kommt es zu einer neuen Unterschlagung; Fallada stellt sich selbst der Polizei, wird zu zweieinhalb Jahren Gefängnis verurteilt und in die Strafanstalt Neumünster eingewiesen. 1928 entlassen, vegetiert er in Hamburg als Werbeadressenschreiber. Aber er begegnet der Frau seines Lebens, Anna Margarete Issel, die er Suse nennt. Fallada schreibt über sie und ihn: »Sie hat mich erst zu dem gemacht, was ich geworden bin, sie hat einen Verbummelten wieder das Arbeiten gelehrt, einen Hoffnungslosen die Hoffnung. Und das alles geschah ohne viel Worte, ohne Aufhebens, ohne Schulmeisterei, einfach dadurch, dass sie da war.«

Fallada zieht nach Neumünster, arbeitet beim dortigen *General-Anzeiger* als Abonnenten- und Annoncenwerber, dann als Lokalreporter mit fünf Pfennig Zeilenhonorar und ist Prozessberichterstatter beim »Landvolkprozess« – eine Zeit, die er später in »Bauern, Bonzen und Bomben« verarbeitet. 1929 heiratet Fallada seine Verlobte Suse Issel, ab Anfang 1930 arbeitet er in der Presseabteilung des Rowohlt Verlags in Berlin. Das erste Kind wird geboren, ein Sohn, Ulrich. 1931 erscheint »Bauern, Bonzen und Bomben« – der Titel stammt vom Verleger, Fallada hatte »Ein kleiner Zirkus namens Belli« vorgeschlagen. Das Buch wird von der Kritik hitzig diskutiert. Karl August Wittfogel schreibt 1932 in einer Rezension in der *Linkskurve*, Fallada dabei kastrationsartig nur »F.« nennend: »Es ist F.'s faschistische Gesinnung, die seinem Buch den Stempel fundamentaler Verlogenheit und Wirklichkeitsfremdheit aufdrückt. … Der Geist der faschistischen Volksgemeinschaftslüge leitet F.'s Blick und seine Feder. An die Stelle einer wirklichen Erfassung der bäuerlichen Verhältnisse ist die faschistische Zwecklüge getreten.« Kurt Tucholsky hatte das in der *Weltbühne* ganz anders gesehen: »Es ist echt … es ist so unheimlich echt, daß es einen graut. … Fallada begnügt sich an keiner Stelle mit diesen schrecklichen Rednerphrasen, wie wir sie sonst in jedem politischen Roman finden: er trennt das Gewebe auf und zeigt uns das Futter.«

Flucht nach Carwitz – Hans Fallada und die Nazis

Zwar wird »Bauern, Bonzen und Bomben« gut und viel rezensiert, aber das bringt Fallada finanziell nicht aus dem Schlamassel heraus – zumal Rowohlt ihm Geld schuldig bleibt: Nach dem großen Bankenknall im Juni 1931 muss Rowohlt Konkurs anmelden. Zu den Gläubigern zählt auch Hans Fallada. Für ein monatliches Fixum von 250 Mark schreibt er einen neuen Roman – und zwischendrin, weil das bisschen Geld nicht reicht, noch jede Menge Zeitungstexte. Als die Arbeit an »Kleiner Mann – was nun?« im Frühjahr 1932 beendet ist, gibt es in Deutschland 6,1 Millionen Arbeitslose. Weite Teile der Bevölkerung hungern, die Regierung streicht die Sozialausgaben brutal zusammen und erhöht die Steuern. Falladas Buch wird ein Welterfolg, nachgedruckt in 50 Zeitungen, übersetzt in 20 Sprachen, zweimal verfilmt – Autor und Verlag sind saniert.

Kurz nach der Auslieferung von »Kleiner Mann – was nun?« im Juni 1932 wird Reichskanzler Brüning durch Baron von Papen ersetzt, der die radikal asoziale Politik fortsetzt. Als der Reichstag mehrheitlich widerspricht, wird er aufgelöst. Bei den folgenden Neuwahlen erzielt die NSDAP ihr bestes Ergebnis: 37,4% der Wähler stimmen braun, die Nazis sind stärkste Fraktion im Reichstag. Ein halbes Jahr später, als im November 1932 die letzten freien Reichstagswahlen stattfinden, verlieren die Nazis zwar Millionen Stimmen und 34 Mandate, aber Hindenburg ernennt Hitler zum Reichskanzler.

Fallada gehört zu denen, die glauben, der braune »Spuk«, wie man das leichthin abtut, würde schon bald wieder zu Ende sein. Er gibt Bertolt Brecht Geld für die Flucht aus Deutschland, will selbst aber nicht »auf irgendeinem doofen Emigrantenschmollstühlchen« sitzen. Für Fallada steht fest: »Es gibt nur private Antworten, für jedes Schicksal eine andere.« Mit seiner Familie verlässt er Berlin und kauft ein Grundstück in Berkenbrück bei Fürstenwalde. Die Vorbesitzer, pauperisierte Bürger, die ihren Hof billig zurückhaben wollen, denunzieren Fallada, ein Verschwörer zu sein. Am Ostersonntag 1933 wird Fallada von der SA verhaftet; angeblich soll er ins Gefängnis gebracht werden, aber bald biegt das Auto in einen Waldweg ein. Fallada hat Glück. Ein Augenzeuge, der zu einem Bauern gerufene Landarzt, verhindert durch sein zufälliges Auftauchen, dass Fallada »auf der Flucht erschossen« wird. Elf Tage sitzt er im Amtsgefängnis Fürstenwalde, bevor Verleger Rowohlt ihn mit Hilfe eines geschmierten Nazi-Anwalts herausholen kann. Fallada schreibt: »Ich habe nichts zu befürchten, ich bin und bleibe ein unpolitischer Mann.« Sein Nervenzusammenbruch straft ihn Lügen; er muss ins Sanatorium in Wald-Sieversdorf.

Das Grundstück in Berkenbrück geben die Falladas auf und kaufen ein Sechs-Morgen-Anwesen im mecklenburgischen Dörfchen Carwitz bei Feldberg. Die Tochter Lore wird geboren, Fallada zieht sich in die ländliche Idylle zurück und schreibt den Roman »Wir hatten mal ein Kind«. Die Bilder für den Vorabdruck in der *Berliner Illustrirten* macht Hitlers Leibfotograf Heinrich Hoffmann. Fallada hasst die Nazis – und versucht, sich zu arrangieren. Mit kleinen Zugeständnissen, hofft er, könne er sich seine Ruhe erkaufen. Aber er ist viel zu sehr Schriftsteller, um nicht zu wissen, dass es in der Kunst keinen ungestraften Kompromiss gibt. Seinem Gefangenenroman »Wer einmal aus dem Blechnapf frißt« stellt er eine Loyalitätsadresse an die braunen Erneuerer Deutschlands voran, die dem Buch Hohn spricht. Der exilierte Thomas Mann notiert dazu in seinem Tagebuch: »Um in Deutschland möglich zu sein, muß ein Buch seine menschenfreundliche Gesinnung in einer Einleitung verleugnen und in den Boden treten.«

Zwecklos ist das ohnehin. Die Nazis entfachen eine Pressekampagne gegen Fallada und seine »Zuchthauspornographie«, wie sie das Buch nennen. Hellmuth Langenbucher, stellvertretender Leiter der »Reichsstelle zur Förderung des deutschen Schrifttums« und Hauptschriftleiter des *Börsenblatts für den deutschen Buchhandel,* droht: »Wir wollen ein waches Auge haben auf alle die andern, die nicht willens sind, mit ihrer Arbeit den betonten Forderungen unserer Tage Rechnung zu tragen.« Am 12. September 1934 erklärt der NS-Schriftstellerverband Hans Fallada zum »unerwünschten Schriftsteller« und verhängt ein Berufsverbot, das einige Monate später, nach geschickter Intervention von Ernst Rowohlt, wieder ausgesetzt wird. Als »Wer einmal aus dem Blechnapf frißt« 1945 in Neuauflage erscheint, schreibt Fallada in seinem neuen Vorwort: »Jede Zeile in diesem Roman widerspricht der Auffassung, die von den Nationalsozialisten über den Verbrecher gehegt und durchgeführt wurde an ihnen. Jetzt ist wieder Platz für Humanität ... – nach zwölf Jahren der Verrohung.« 1946, im Roman »Der Alpdruck«, bekennt Fallada über sein Verhältnis zum Dritten Reich: »Ich habe mich wohl im Innern empört, aber ich habe nie etwas dagegen getan.«

Die Drangsalierungen durch die Nazis hinterlassen bei Fallada tiefe Spuren. 1935 kommt es zu mehreren Nervenzusammenbrüchen. Er kann nur in Deutschland leben, er kann nicht leben, ohne zu schreiben, und er will kein Nazi sein – bei einer solchen Konstellation sind die Zerreißproben programmiert. Als 1937 der Roman »Wolf unter Wölfen« erscheint, dessen Ende Fallada gegenüber dem Schriftstellerkollegen Hermann Broch selbst als »Verlegenheitslösung« und als »faulen Kompromiß« bezeichnet, ist Goebbels voll des Lobs. Für den Schauspieler Emil Jannings soll Fallada ein Filmskript des »Eisernen Gustav« schreiben. Fallada schreibt einen Roman – der auf Wunsch von Goebbels dann »umgearbeitet« werden soll, wogegen Fallada Einwände geltend macht. Goebbels lässt ihm mitteilen, er sei bereit, diese in einer persönlichen Audienz auszuräumen. Fallada will nicht. »Erträglich war es, in der Ungnade zu leben und ein unerwünschter Autor zu sein; aber in die Sonne Goebbels'scher Gunst zu kommen, das erschien mir wie ein Ikarus-Schicksal«, schreibt er. Goebbels' Antwort auf den Korb ist deutlich: »Wenn Fallada heute noch nicht weiß, wie er zur Partei steht, so weiß die Partei, wie sie zu Fallada steht.«

Fallada versteht die Drohung, fügt sich und schreibt um. Der Film wird dennoch nicht realisiert. Die Kreise um Hitlers Chefideologen Alfred Rosenberg protestieren vehement dagegen, dass ein »repräsentativer deutscher Film« unter Mitarbeit des »Kulturbolschewisten« Hans Fallada entstehen soll, dessen »Ausrottung« sie für »im höchsten Maße wünschenswert« halten.

Trinker, Morphinist, Bürgermeister
Falladas letzte Jahre

»Der eiserne Gustav« erscheint 1938 als Roman; die auf Verlangen der Nazis geschriebene Schlusspassage ist gekürzt. Buchhändler, die den Roman anbieten, bekommen gezielt Besuch von SA- und SS-Männern und werden eingeschüchtert: Fallada raus aus den Regalen, sonst wird verwüstet. Fallada schreibt weiter, betont harmlose Stoffe oder Auftragsarbeiten für Filme, aus denen dann nichts wird. Später notiert er: »Jede Schilderung dunklerer Gestalten war mir streng untersagt. Ich hatte optimistisch und lebensbejahend zu sein, gerade in einer Zeit, die mit Verfolgungen, Martern und Hinrichtungen den Sinn des Lebens verneinte. So habe ich ... eigentlich nichts mehr, was mir noch am Herzen läge, geschrieben. Ich bin in die seichte Unterhaltung abgesackt.« Rundfunk, Film und Propagandaministerium machen ihm

Angebote; eins nimmt er an und reist im Mai 1943 durch das besetzte Frankreich. Er soll ein Reisetagebuch liefern, das zur Propaganda taugt. Den Text schreibt er nie.

Im selben Jahr schließen die Nationalsozialisten den Rowohlt Verlag. Fallada wird quasi arbeitslos, schreibt zwar, kann aber nicht publizieren, trinkt höllisch, hat ein Verhältnis mit dem Dienstmädchen, zieht mit ihr in die Scheune seines Hofes in Carwitz, während Frau und Kinder im Haupthaus wohnen bleiben. Die Situation ist unerträglich, Fallada liefert sich ins Berliner Sanatorium Westend ein – wo er die 22-jährige Fabrikantenwitwe Ursula Losch kennen lernt, seine spätere zweite Frau. Doch zuvor kehrt Fallada nach Carwitz zurück. Im Juli 1944 lässt seine Frau sich von ihm scheiden, beide leben weiterhin getrennt auf dem Hof. Fallada ist chronisch im Dschumm und führt sich so entsetzlich auf, wie das Leben für ihn geworden ist: Er schreit und tobt und terrorisiert. Beinahe kommt es zur Katastrophe: Bei einem Streit mit seiner Ex-Frau hantiert Fallada am Tisch mit einer Waffe. Ein Schuss fällt, doch niemand wird verletzt. Suse nimmt ihm die Waffe weg und wirft sie in den See. Ob Fallada absichtlich auf sie schoss oder ob sich der Schuss aus Versehen löste, darüber schweigt seine geschiedene Frau bis zu ihrem Tod 1990 beharrlich. Dennoch bleibt der Schuss nicht ohne Folgen: Der Vorfall spricht sich herum, Fallada wird inhaftiert und in die Landesheilanstalt Strelitz gesperrt, zu anderen »geistesgestörten Kriminellen«.

Dort schreibt er, in winziger Schrift, zwischen die Zeilen unverfänglicher Manuskripte, seine Aufzeichnungen über sein Leben im Dritten Reich – und den Roman »Der Trinker«. Hätte man diese Schriften entdeckt, lebenslängliche Haft oder Hinrichtung wären Fallada sicher gewesen. Im Dezember 1944 wird er aus Strelitz entlassen und kehrt reumütig zurück. Zu Weihnachten schenkt er seiner Tochter die Erzählung »Fridolin, der freche Dachs«, ein zauberhaftes Kinderbuch, »allein für die Mücke geschrieben, in einem einzigen Exemplar hergestellt und mit großer Mühe eigenhändig gebunden von Hans Fallada«, wie er in der Vorrede schreibt. Doch am zweiten Weihnachtstag 1944 verlobt sich Fallada in Feldberg mit Ursula Losch; sie heiraten am 1. Februar 1945. Ursula Losch ist Morphinistin.

Ende April 1945 steht die Rote Armee in Feldberg, Mitte Mai ernennen die Sowjets »den Schriftsteller, der keine Nazi-Bücher geschrieben hat«, zum Bürgermeister. Fallada ist überfordert – und angeekelt von denen, die auf einmal schon immer gegen die Nazis waren, von den Opportunisten, den Hamsterern, die wiederum ihn hassen. Auch die Zusammenarbeit mit dem sowjetischen Kommandanten ist haarig. Fallada beschreibt die Situation in einer vertraulichen Nachricht an Johannes R. Becher: »Bald musste ich einsehen, daß sein Ziel das war, mich zu Grunde zu richten, um meine 24-jährige Frau in seine Hände zu bekommen. Er hat sie ständig verfolgt, sie zu umarmen versucht, wenn er sie allein traf, und hat ihr die schmählichsten Vorschläge gemacht. Als ich schließlich in einem völligen Nervenzusammenbruch bewußtlos war, hatte er sie noch aufgefordert, mich zu verlassen und seine Frau, will sagen, seine Geliebte zu werden.«

Fallada erhöht die Alkohol- und Morphiumdosen noch und raucht bis zu 200 Zigaretten am Tag; Mitte August wird er mit seiner Frau, die einen Selbstmordversuch unternommen hat, ins Krankenhaus Neustrelitz eingeliefert. Nach der Entlassung ziehen sie nach Berlin, hausen in einem Zimmer, für Morphium geht seine Frau auf den Strich, bald haben beide den Tripper. Fallada versucht, mit gefälschten Rezepten Morphium zu bekommen, und scheitert, wieder geht es ins Sanatorium. Keine hundert Pfund wiegt er mehr, unternimmt mehrere Selbstmordversuche, aber es ist noch immer nicht das Ende.

Immer noch schreibt Fallada, rasend schnell und gehetzt, wie er es immer tat: »Der Alpdruck« und »Jeder stirbt für sich allein«, sein letztes zu seinen Lebzeiten publiziertes Buch. Sein größter Förderer ist Johannes R. Becher, der immer wieder Geld auftreibt, sich um Wohnung, Lebensmittelkarten und Aufträge für Zeitungen kümmert – und um Morphium, das er Fallada persönlich bringt, wenn es sein muss. Und es muss sein. Fallada braucht den Stoff, und Becher, der weiß, dass Fallada »schreiben kann wie ein Besessener«, und der ihm zutraut, »die unsterbliche Chronik unseres zweiten Dreißigjährigen Krieges« zu schreiben, liefert ihn. Was Becher für Fallada tut, ist nicht uneigennützig und gerade deswegen geeignet, aus der Formel vom sozialistischen Humanismus etwas Wirkliches, Lebendiges zu machen.

Ende 1946 kann auch Becher nichts mehr tun. Fallada wird in die Nervenklinik der Berliner Charité eingewiesen, wo er am 5. Februar 1947 stirbt, 53 Jahre alt. Die Grabrede auf dem Friedhof in Carwitz hält Johannes R. Becher. Er macht ihm eins der schönsten Komplimente, die ein Schriftsteller bekommen kann: »Keins seiner Bücher starb an Langeweile.«

Bin kein Juso, bin kein Jesus

Über die christusmäßige Duldsamkeit gegenüber Thor Kunkel und dem Literaturbetrieb

Es ist ein Lehrstück – nicht über Literatur, sondern über ihr Gegenteil, den Literaturbetrieb. Ein deutscher Autor, Jahrgang 1963, er hört auf den arischen Namen Thor Kunkel, schreibt ein Buch namens »Endstufe«, in dem es auch um Pornofilme geht, angeblich hergestellt im Dritten Reich, von gelangweilten jungen Nationalsozialisten. Nun ist Trash mit Nazis nichts Neues, eher schon ziemlich kalter Kafka – allerdings im Rowohlt Verlag, wo Kunkels Roman zunächst gebucht und groß angekündigt ist, nicht unbedingt üblich. Nachdem Alexander Fest Verleger bei Rowohlt wird, kündigt er Kunkel und seinem Buch; im Verlag Tucholskys und Ossietzkys könne »Endstufe« nicht erscheinen, schreibt Fest.

Ob es notwendig ist, Tucholsky und Ossietzky aufzurufen, um das Nichtverlegenwollen von Nazispermaprosa zu begründen, sei dahingestellt – jedenfalls trifft und vertritt Alexander Fest eine Entscheidung, und das ist schon etwas in Angsthasenzeiten, wo es sich kaum einer mit irgendwem verderben will, weil man ja nicht weiß, was noch kommen wird und wen man eventuell noch wird brauchen können.

Kaum hat Fest tschüs gesagt zu Kunkel, tritt der Verlag mit der Schmeißfliege auf den Plan: Eichborn ist zur Stelle und wittert Rendite: Kunkels Roman, ein Haufen Langeweile mit braunen Bremsstreifen zwar, kann doch als Opfer politischer Korrektheit verhökert werden. So wird wild auf die Pauke gehauen, Eichborn druckt Plakate, »Das Buch, über das jeder spricht« – nein, sie sind sich wirklich für nichts zu doof, wenn drei Euro fünfzig Gewinn winken. Und auch Thor Kunkel beginnt sich zu sonnen und zu bräunen: »Nach Interviews mit der *New York Times*, der BBC, ABC Australien, *Financial Times, El Mundo, La Stampa, China Daily* etc.«, belehrt er den Rezensenten Klaus Bittermann in einem Leserbrief an die *taz*, brauche er sich ihm unangenehme Kritik nicht mehr anzuhören – da fühlt sich Thor Kunkel ganz groß: Die Weltpresse hat mit ihm gesprochen.

Auch diese Provinzlerpeinlichkeit hält die *FAZ* in Gestalt ihrer Sonntagsausgabe nicht davon ab, Thor Kunkel und seinen Roman zu präsentieren: Am Abend des 30. März 2004 in der trotz des Dumpingeintrittspreises von vier Euro nur schwach halb gefüllten Berliner Kalkscheune macht Volker Weidermann, Literaturredakteur der *Frankfurter Allgemeinen Sonntagszeitung*, die Honeurs für Kunkel und seine »Endstufe«. Weidermann, wie ungefähr jeder im Journalismus früher mal bei der *taz*, tritt in Freizeitkleidung an. Er trägt Adidas-Turnschuhe und enge Blue Jeans, hat die Oberschenkel eines Radfahrers und nölt über den *Spiegel* und über Alexander Fest, dem er Heuchelei und Inkonsequenz vorwirft: Wenn einer Kunkel rauswerfe und ein paar Tage später Martin Walser zum Rowohlt-Autor mache, sei es mit dem moralischen Verlegen nicht weit her.

Weidermann merkt nicht, dass sein Argument eins gegen Kunkel ist, den er mit Walser auf eine Endstufe stellt – Walser, der unfassbare Stammler, ist tatsächlich die Vergleichsgröße für Kunkel. Das bekommt vor allem das Publikum zu spüren. Nach der fahrig weggesprochenen Einleitung liest Thor Kunkel vor, eingerahmt von Weidermann und dem Eichborn-Lektor Wolfgang Hörner. Kunkel ist klein, so klein, dass es kaum einen Unterschied macht, ob er neben dem Tisch steht oder hinter dem Tisch sitzt, und weil er die Gelegenheit nun einmal hat, nutzt er sie geschlagene anderthalb Stunden lang – gefühlte Zeit acht Stunden, im Theater, in einem Stück von Syberberg.

Kunkel beschert den Zuhörern eine Mundartlesung auf Hessisch, in der es »Trehbücher« und »Klückwünsche« gibt, in der breitbeinig »preitpeinig« ausgesprochen wird, Sandalen »Riemschen über dem Knöschel« haben, aus München »Münschen« wird und aus komisch »komich«. Das Präteritum von »er ächzt« heißt bei Kunkel »er äxte«, so wie »Menchen« sich bei ihm »entcheiden«, jedenfalls »manschmal«, bei einem »Klas«.

Es ist erbärmlich, wie Kunkel liest, und das ist seinem Stoff adäquat: »Man kann einer Scheide die Erfahrung ansehen«, schreibt der chmierige Frauenkenner, der auch eine »frich epilierte Cham« nicht auslässt und das Adjektiv zu seinen Bemühungen nicht schuldig bleibt: »klitschig«. Da geben dann sogar die zwei Grufties im Publikum auf und schleppen sich von hinnen. Die junge Frau und der junge Mann hinter dem Tresen der Kalkscheune haben inzwischen pantomimisch schon ein halbes Dutzend Mal Selbstmord begangen: Das ist die Not, die Kunkel stiftet. Doch irgendwann macht selbst er den Kopf zu. Fragen aus dem längst erloschenen Publikum gibt es keine; so wirft sich Weidermann in die Bresche und verleitet Kunkel zum Weitersprechen.

Und wie er schon mit dem peinlichen Stolz des Halbalphabeten seinen Kapiteln Zitate berühmter Männer wie Kierkegaard und Dalí voranstellte, sieht Kunkel sich nun in einer Reihe mit den verfemten Dichtern »Henry Miller, Bataille und Nabokov« – doch, das sagt er, ganz im Ernst, denn der Bataille, der Bataille, der hat immer Recht, und kein Eichborn-Lektor zuckt und kein Frankfurter Allgemeiner Literaturredakteur, der den Schwall beförderte, stürzt sich in sein Gummischwert.

An die zwei Stunden habe ich ohne ein Wort des Widerspruchs ausgeharrt in der Kalkscheune, aber nun ist es genug. Dass ein seine Schreibunfähigkeit mit Nazi-Koketterie camouflieren wollender Langeweiler im Windschatten großer Kenner aller Gründe und Abgründe des Menschen mitsegeln will und den Aufschneiderrand aufreißt wie sonst nur sein Zwergenzwilling Wolf Biermann, das mag ich nicht mehr stumpf erdulden. Und rufe deshalb aus dem Zuschauerraum: »Die konnten aber im Gegensatz zu Ihnen schreiben. Und haben uns nicht zu Tode gelangweilt.«

Das ist milde gesprochen, denn ich kann ein milder Mann sein, wenn ich will. Doch Kunkel, statt die fast unverzeihliche Sanftheit des Tadels zu fühlen, mault – und sieht sich verfolgt in Deutschland, klar doch. Und greint über »den Herrn, der das gerade gebellt hat«. Nicht nur dumm also ist er, sondern auch noch frech – so muss ich ihm eine Lektion erteilen, gehe zur Bühne und sage: »Nein, ich bellte nicht. Im Gegensatz zu Ihnen kann ich schön sprechen. Sie aber können kein Deutsch und belästigen uns mit einer Mundartlesung.«

Thor Kunkel beharrt darauf: »Sie bellen!« Der *FAS*-Redakteur will, dass ich weggehe, und zischelt das; er war bei der *taz* schon ein Flop und ist es jetzt nicht minder, deshalb sage ich ihm das auch. Und schubse das Exemplar der »Endstufe«, das vor Kunkel auf dem Lesetischchen liegt, schwungvoll in des Autors Arme. Das Publikum hält den Atem an – »Keine Gewalt!«, ruft einer, der vielleicht einmal eine Gewalterfahrung machen müsste, damit er wüsste, was das ist, Gewalt. Luschen sagen, dass sie Luschen sind, ist jedenfalls nicht Gewalt. Sondern die Zuwendung, die ihnen in ihrem Leben offenkundig gefehlt hat, sonst wären sie anders.

Hier setzt auch meine Selbstkritik an: Warum soviel tätiges Mitgefühl mit Abraum? Das verstehen ein Kunkel und ein Weidermann doch gar nicht oder nur ganz falsch. Warum bin ich zu ihnen schon beinahe wie ein Jesus? Ich war doch nie Juso und nazarenere nicht durch die Gegend. Greift hier schon das Methusalem-Komplott? Das ja ein Synonym ist für Literaturbetrieb? An einem christlichen Feiertag will ich in Ruhe und Einkehr einmal darüber nachdenken.

Al Qaida wird durch *Bild* erst schön

Der deutsche Journalismus ist Al Qaida zu Dank verpflichtet. Noch direkt vor den massenmörderischen Anschlägen von Madrid im März 2004 wälzten sich deutsche Chefjournalisten in der lebenswichtigen Frage herum, wie sie Gerhard Schröder zu Interviews mit *Bild* zwingen könnten. Schröder, der stets extensiv mit *Bild* geknutscht hatte, war infolge der Kampagne von *Bild* gegen ihn vom Boulevard abgerückt und gefiel sich in der Rolle der beleidigten Leberwurst. Man kann Schröders Gebaren mit Recht dumm, peinlich und verlogen finden – sich mit *Bild* solidarisieren kann man nicht.

Bild ist keine Zeitung. Man kann nicht einmal Fische darin einwickeln – sie verfaulen auf der Stelle. Dennoch wollten allerlei Chefredakteure ihren Lesern weismachen, Schröders gnatzige und pampige Erklärung, nicht mehr mit *Bild* sprechen zu wollen, sei eine schlimme Sache und eine große Gefahr für die Demokratie. Schließlich gebe es eine Informationspflicht, und der Bundeskanzler könne nicht selbstherrlich bestimmen, mit wem er spreche und mit wem nicht. Was aber hat *Bild* mit Information zu tun? Auch darum gehe es nicht, erklärte das journalistische *Bild*-Solidaritätskommando; schließlich könne es ja jeden treffen, man müsse den Anfängen wehren und dergleichen.

Seitdem Frank Schirrmachers *FAZ* Kampagnen in Absprache mit Kai Dieckmanns *Bild* durchzieht, gilt erstaunlicherweise nicht etwa die *FAZ* als Jauchegrube, sondern *Bild* als salonfähig. Im Journalismus geht die Panik um, die Stellen sind knapp, da scheint auch ein Job als Spermakellner bei *Bild* noch attraktiv. Journalisten, die nicht an buchstäblich jedem Tisch mitkumpeln können, werden von Existenzangst geschüttelt. Das sagen sie aber nicht, sondern erzählen die Legende vom tapferen Journalisten, der vollinvestigativ große Enthüllungsgeschichten schreibt. Mag sein, dass es irgendwo so etwas gibt. In Deutschland ist Journalist die Berufsbezeichnung für besonders aggressive Mitläufer und Mitschnacker.

Dass Helmut Kohl es während seiner gesamten Amtszeit ablehnte, mit dem *Spiegel* zu sprechen, weil er das Blatt ulkigerweise als »linke Kampfpresse« ansah, hatten die mit *Bild* solidarischen Demokratiewarte vergessen; es soll damals sogar *Spiegel*-Journalisten gegeben haben, die Kohls Haltung als Auszeichnung verstanden. Das ist lange her.

Seit den Massenmorden von Madrid ist Gerhard Schröders *Bild*-Boykott aber nicht mehr die größte Gefahr für die Demokratie; Al Qaida hat ihn knapp überholt. Nun nimmt das Blutblatt die demokratische Pflicht wahr, die Angst vor weiteren Blutbädern und den Wunsch nach einstweiligen Erschießungen mutmaßlicher Verdächtiger zu schüren.

Zu Panik und Hysterie gehört auch der Trost von der Stange. Alltägliche Banalitäten werden zu Heldentaten umcodiert; immerzu ist die Phrase zu hören, wenn man jetzt nicht mehr U-Bahn fahre, Brötchen kaufe, mit dem Hund rausgehe oder sich am Gesäß kratze, dann habe Al Qaida gewonnen. So gewinnt das Leben mächtig an Bedeutung. In den achtziger Jahren gab es Solisaufen für Nicaragua und Einparken für den Frieden; heute kauft man *Bild*, damit Al Qaida nicht gewonnen hat.

Große Verwirrung, ja Verworrenheit herrscht – nicht nur im Land, sondern weltweit. Auf den Ausländer als solchen ist auch nicht zu bauen – er ist oft nicht minder desorientiert als der hiesige Trollo. Wie sonst soll man die Meldung interpretieren, Al Qaida habe in Dschibuti einen Anschlag auf den deutschen Bundespräsidenten Johannes Rau geplant? Gesetzt den Fall, dass es sich nicht um eine Geheimdienstente handelt: Sind die denn noch bei Trost? Johannes Rau wegsprengen? Wieso das denn?

Johannes Rau ist der lebendige Beweis dafür, dass auch Weißbrote sprechen können und steht deshalb unter Naturschutz. Außerdem: Wer hat denn unter dem gefürchteten Kirchentagsschwätzer Rau zu leiden? Wer ist dem senilen Christus von der SPD ausgeliefert? Wer wird erbarmungslos angebrüdert? Die Al-Qaida-Mörder etwa? Pah! In Dschibuti kommt Rau doch höchstens alle Jubeljahre mal vorbei – das könnten die doch ganz entspannt sehen.

Also *lissentumi*, ausländische Terroristen: Wenn einer unter Rau zu leiden hat, dann sind das Deutsche! Genau: Die Deutschen, die für ihr Leben gern Opfer wären – hier sind sie es wirklich einmal. Es sind Deutsche, die von Johannes Rau in Klump und Boden gesprochen werden, und deshalb: Finger weg von Bruder Brabbel! Der gehört uns, und wir haben unsere guten Gründe, ihn so oft wie möglich auf Staatsbesuch zu schicken. Man will ja ab und zu die Finger aus den Ohren nehmen können, ohne dass gleich Strafe kommt.

Johannes Rau ist eine Geißel Gottes, zweifellos. Aber mit den Plagen der Welt muss man gewitzt fertig werden, auch mit dieser. Terrorismus ist das Endstadium der Humorlosigkeit. Immer dieses Umbringen, das ist so einfallslos, so unsexy, so dummunddumpf. Das Abknallen, Niedermetzeln und Abschlachten ist nicht nur an Armeen widerwärtig, die es als ihr gutes Recht erachten; wie der Soldat steht eben auch der Terrorist kopf- und stilmäßig auf Stufe null. Wenn manche Landsleute jetzt nostalgisch werden und die Anschläge der RAF im Vergleich zu denen der Al Qaida als gute deutsche Wertarbeit bezeichnen, liegen sie falsch. Erschießen ist humorfrei und deshalb seinem Wesen nach unmenschlich. Das Beispiel des Spaßguerilleros Fritz Teufel hat viel zu wenig Schule gemacht.

Die Standardlegitimation für Terrorismus ist Patriotismus. Kein Leichenberg in der Geschichte der Menschheit ist so groß wie jener, der aus patriotischen Motiven und im Namen irgendeines Vaterlandes aufgehäuft wurde. Und so ist es schon fast zum Terroristenwerden dumm und geschichtslos, wenn Gerhard Schröder deutschen Unternehmern, die ihr Kapital ins Ausland tragen, ausgerechnet mangelnden Patriotismus unterstellt – als wären sie zivilisierte Leute, die sich am legitimierten Morden für Fahne und Vaterland um keinen Preis beteiligen wollen. Schröders Hantieren mit dem Blutwort Patriotismus variiert nicht nur das rechtsradikale »Deutsche Arbeitsplätze für Deutsche!« – es adelt auch simple Den-Hals-nicht-voll-Krieger als couragierte Nichtpatrioten, die sie nicht sind. Und, viel schlimmer, es beleidigt mich: als sei ich, nur weil ich Steuern zahle, ein ekelhafter Patriot.

Aus der *Welt* vom 2. April 2004:

Geburtstag ohne Bundespräsident:
Rau ist sauer auf die *taz*

Ohne Bundespräsident Johannes Rau muss die Tageszeitung *taz* ihren 25. Geburtstag feiern. Das zum Jubiläum am 16. und 17. April im Berliner Theater Hebbel-am-Ufer eingeladene Staatsoberhaupt sagte nach einer polemischen Attacke von Wiglaf Droste in der *taz* sein Erscheinen ab. Der berüchtigte Satiriker hatte sich über den geplanten Anschlag von Terroristen auf den deutschen Bundespräsidenten in Dschibuti mokiert und über Rau geschrieben, er sei der »lebendige Beweis dafür, dass auch Weißbrote sprechen können, und steht deswegen unter Naturschutz«. Schließlich litten unter dem »gefürchteten Kirchentagschwätzer Rau« nicht die Terroristen, sondern die von ihm »erbarmungslos angebrüderten« Deutschen. Dass die ebenfalls zum Zeitungsjubiläum eingeladenen Würdenträger wie Bundeskanzler Gerhard Schröder und Bundestagspräsident Wolfgang Thierse nach dem Aufruf Drostes »Finger weg von Bruder Brabbel!« noch zur Feier erscheinen, gilt als unwahrscheinlich.

Desensibilisierung

Ein Selbstversuch

Desensibilisierung ist das Zauberwort für Allergiker: eine dicke Spritze in den Pöter gerammt oder ein paar kinderkopfgroße Tabletten weggefuttert, und der Frühling, der Milliarden Blütenpollen durch die lauen Lüfte flattern lässt, verliert seinen Schrecken. Wer rotäugig, triefnasig und mit Asthma-Attacken auf den Bronchien durch die Jahreszeit der Verliebten torkelt, will nur noch eins: die chemische Keule, die ihn unempfindlich macht.

Als Kind wurde ich im Winter an die Ostsee getan, »zur Abhärtung«, wie das hieß, zur Stärkung von Atemweg und Abwehrkraft. Das war gut, doch unzulänglich. Gegen anderes, weit ärgeres Grauen wurde ich nicht imprägniert. Dass eine heiße Herdplatte AUA! macht, lernt das wissbegierige Kind nicht durch elterliche Warnung, sondern durch Dranlangen. Das tut einmal weh, dann hat man es für immer begriffen. Niemand und nichts aber bereitete mich vor auf Begegnungen mit Jürgen Fliege und Daniel Küblböck, mit Johannes B. Kerner, Waldemar Hartmann und Michele Hunziker. Schutzlos wie ein Robbenbaby bin ich ihnen und tausenden ihnen gleichenden Lemuren ausgesetzt.

Jahre ohne eigenen Fernsehapparat hatten meine Überempfindlichkeit gegen medialen Schwamm und Schlamm noch verstärkt. Bei Freunden eingeladen, die sich zu einem wunderbaren Essen um den Brüllwürfel versammelten und unter lauter Anteilnahme auf RTL »Star Duell« wegkuckten, sackte ich zusammen. Meine Trommelfelle kollabierten, ein Wehlaut entrang sich mir. »So geht das mit dir nicht weiter«, sagte mein Gastgeber besorgt. »Du musst dich dringend mal desensibilisieren. Du hältst ja nicht mal zehn Minuten Kinderfernsehn aus.« Und fügte leicht vorwurfsvoll hinzu: »Das ist doch lustig. Die sind alle vollkommen krank, das macht doch Spaß!«

Komisch – ich fand es nicht komisch. Für mich war es quälende Ohrenpein, akustisches Frittenfett, Gestank in Auge und Ohr. Ich merkte, mir drohte das soziale Aus. Wenn ich nicht völlig vereinsamen oder mein Leben nur noch mit sex- und humorfreien Waldorfpädagogen fristen wollte, musste ich mich zusammenreißen. Und lernen, medialen Unflat nicht nur in mich hineinzustopfen, sondern das auch schön zu finden, und zwar ohne Schmu und Schummeln. Ich musste es ehrlich genießen. Aber wie?

Genieß es! Genieß es!, hämmerte ich mir in meinen Kopf. Es nützte nichts – ich genoss den Anblick Franz Beckenbauers so wenig wie das, was aus Reinhold Beckmanns Mund herausrinnsalte. Ein Freund empfahl mir die Lektüre der Kraft-durch-Freude-Zeitschriften *Merkur* und *Men's Health*. »Wenn du das schmerzfrei lesen kannst, hast du es geschafft«, versprach er. Ich versuchte es und tauchte ein in jene Welt, in der das Hauptproblem ein arbeitender menschlicher Kopf ist – der zum Glück aber wegtrainiert werden kann. Doch die Idiosynkrasie blieb.

Am Ende half mir ein welterfahrener Psychologe. Seinen Rat nahm ich an – und ziehe mir morgens nach dem Aufwachen gleich ordentlich ein paar mit dem guten, alten Gummihammer über die Rübe. Das tut zwar weh, ist aber kein Vergleich mit den Schmerzen, die ich vorher fühlte. Mein gesellschaftliches Leben hat sich stark verbessert, die Menschen mögen mich. Wir sind jetzt einer von uns.

Wie singt ein gefoltertes Murmeltier?

Konfusionssadismus, Geheimwissen und andere Irritationen der ARD-Bundesligakonferenz

Fußballsamstag am Radio ist Murmeltiertag. Um 15 Uhr 30 schaltet man ein, und alles ist wie immer. Die ARD-Sender übertragen die Fußball-Bundesliga, und die Kommentatoren kennt man, als hätte man sie schon im Mamabauch gehört. Wenn sie nicht zum Fernsehn wechseln oder sterben, hat man sie lebenslänglich. Selbst wenn einmal ein neuer Name auftaucht, ist nichts anders: Jargon und Tonfälle werden von Druidenmund zu Druidenohr weitergegeben auf immerdar. In einer selbst für geübte Zeitungsleser erstaunlichen Phrasendichte starten diverse Herren und eine Dame an jedem Samstag der Saison den Angriff auf das menschliche Trommelfell und sagen ihre Lieblingswörter auf: »natürlich«, »natürlich« und »natürlich«; »nach dem Motto« und »von daher ...« können sie auch, der Rest ist Glücksache.

Dabei befinden wir uns im guten, alten öffentlich-rechtlichen Dampfradio – kein Vergleich mit den Privatsendern und ihrem völlig schmerzfreien Personal: Vor dem Spiel Hertha gegen Bayern am Frühlingsanfangssamstag 2004 hatte der Berliner Brüllsender RTL 104,6 jedem Bayern-Spieler für ein spielentscheidendes Eigentor eine Million Euro angeboten. Befragt, ob er gegen die Zusammenlegung von Kleingeld und Größenwahn juristisch vorgehen wolle, grrrte Bayern-Manager Uli Hoeneß: Nein, das sei ihm »zu doof«, diese Leute sollten doch lieber »an ihrer eigenen Dummheit zugrunde gehen.« So sprach es erstaunlich angemessen aus der wurstfabrikantenrot aufblühenden Hoeneßrübe. Würde der fromme Wunsch erhört, dass alle Deppendelinquenz sich stets selbst abzuräumen habe, himmlische Stille herrschte in Funk und Fernsehn und im ganzen Land, und auch Hoeneß selbst wäre aus der drastisch zusammengeschmolzenen Restbevölkerung wegen zahlloser Vergehen ausgeschieden.

Äther und Ohren aber bleiben unbefreit. »Nun freut euch, ihr Millionen - die ARD-Bundesligakonferenz ist da!«, jahrmarktet Thomas Kroh den Hörern von Inforadio Berlin in die Wohnungen. In einer quallkopfgesättigten Branche fällt Kroh tatsächlich auf: So hilf- und orientierungslos wie dieser stammelt und stoppelt sich sonst keiner durchs Gestrüpp der dumpfig einfach mal angefangenen, nie zu Ende gedachten Halbsätze - und gewinnt aus seiner habituellen Indisponiertheit eine Art Format: Information zur Sache verweigert Kroh kategorisch; stattdessen entreißt er der Watte seines Gehirns Spekulationen über »die Hertha« und liest allerlei Orakel aus Gekröse und Kaffeesatz. Sensationell abseitig ist stets das »Hertha-Quiz«, in dem der notorische »alldieweil«-Sager Kroh sich auch beim simpelsten Telefonat mit Hörern als vollständig überfordert präsentiert, gutwillige Menschen aus purer Stulligkeit ewig in der Leitung verhungern lässt und den Gewinner eines signierten Hertha-Trikots in hörbar nicht heimtückisch gemeinter Vollheimtücke anfährt: »Haben Sie Kinder, oder tragen Sie das selbst bei der Arbeit?«

Für seine Kollegen dagegen ist Kroh in seinem unbeabsichtigten Konfusionssadismus ein Segen - von ihm anmoderiert, wirken sie allesamt vergleichsweise geistesklar - ein Eindruck, den sie indes zügig kompetent zu korrigieren wissen. »Jetzt fängt der Himmel über Berlin an zu brennen ...«, entfährt es dem Reporter, der sich aus Albert Speers Berliner Olympiastadion auf eine Zeitreise zurück in die dreißiger Jahre des letzten Jahrtausends begibt. Architektur hat ihre Macht; eine Führerkampfbahn kann man nicht renovieren, nur abreißen. Solange der Berliner Nazi-Olympiakitsch steht, bekommt man das sich seiner selbst unbewusste Gerede von Fackelzug und Reichstagsbrand gratis mitgeliefert.

Der Satz des Tages gehörte Manfred »Manni« Breuckmann, der beim Spiel Schalke gegen Hannover über den zweifachen Torschützen für Hannover 96, Thomas Brdaric, zu sagen wusste: »Wenn er singt, dann klingt er wie ein Murmeltier, das gefoltert wird.« Ohne sie zu begreifen, verneige ich mich vor diesen sinnungebundenen, verwirrend schönen Worten. Was für ein Musikkritiker hätte aus Manfred Breuckmann werden können!

Andererseits, durchzuckte mich ein furchtbarer Verdacht: Woher weiß Manfred Breuckmann, wie ein gefoltertes Murmeltier klingt? Aber ruhig Blut, militante Tierschützer: Was gefolterte Murmeltiere sind, das weiß Manfred Breuckmann von uns, seinen Hörern, den Hörern der ARD-Fußballkonferenz. Denn Fußballsamstag am Radio ist Murmeltiertag.

Sternzeichen Dachs

Im Herbst 2003 aß ich zum ersten Mal in meinem Leben Dachs. Das geschah nicht aus Neugier und schon gar nicht auf Wunsch – ich bekam ihn einfach vorgesetzt. Auch der Mann, der ihn mir kredenzte, hatte in dreißig Jahren als Koch erstmals beruflich mit einem Dachs Bekanntschaft gemacht. Ein Bauer brachte ihm das Tier, nachdem er es erschoss. Der Dachs hatte den Hund des Bauern sauber eingebuddelt, als der ihn in seinem Bau aufstöberte. Dachse sind gewieft. Der Flinte des Bauern war dieses Exemplar auf seiner anschließenden Flucht allerdings nicht entronnen.

Auf den Teller kam er als Ragout. Ich schnupperte etwas misstrauisch. Doch die Maxime, dass man jedes Lebensmittel zumindest probieren kann, hielt auch dieser Prüfung stand. Dachse sind äußerst reinliche Tiere, das vorliegende Exemplar war mit Liebe und Kochkunst traktiert worden, und dem Mann, der es zubereitet hatte, vertraue ich ohnehin blind. Seit jenem Tag weiß ich: Dachs ist essbar. Und doch meine ich, eine gewisse Zähheit und Bitterkeit verspürt zu haben – die Geschmack gewordene Abneigung des Dachses dagegen, von Menschen aufgegessen zu werden? Oder war das nur eine meinem eigenen Widerwillen geschuldete Einbildung? Mir war nicht ganz wohl beim Dachsverzehr.

Dachse kenne ich aus Naturfilmen, aus Fabeln und Märchen, wo sie Meister Grimbart heißen – und aus Hans Falladas Geschichte »Fridolin, der freche Dachs«. Fallada kannte sich mit Dachsen aus; auf seinem Hof in Carwitz hatte es der Schriftsteller mit einem Dachs zu tun, den er jahrelang – wenn auch vergeblich – bejagte, weil der des Nachts die Maisfelder des Schriftstellers heimsuchte.

Ich las das Buch mit Freuden. »Das fand er am schönsten: ganz allein mit sich zu sein, tief im stummen, stillen Schoß der Erde. Darin war er ein richtiger Dachs, der ja unter allen Tieren das einsiedlerischste, menschen- und tierscheueste Geschöpf ist«, schrieb Fallada über seinen Titelhelden, und spätestens ein paar Sätze weiter hatte er mich ganz: »Das ist auch eine besondere Eigenschaft der Dachse, daß sie jederzeit und beliebig lange schlafen können.«

Die Sache lag so offen zutage wie ich rüsselnd und schnorchelnd im Bett: Ich war Sternzeichen Dachs, keine Frage. Wie anders als nach Art des Dachses wäre beispielsweise der Weihnachten/Silvester/Neujahr genannte Jahresendterror zu überstehen? Genau: Man gräbt sich ein und verschläft die überflüssige und aufdringliche Angelegenheit. Daraufhin von menschenauflauffixierten Personen ins Kreuzverhör genommen und nach Art der RAF peinlich befragt: Was bist du – Mensch oder Dachs?, gibt man brummend Auskunft: Beides, bevorzugt aber Letzteres, zumindest temporär. Und dreht sich zügig wieder dem Schlafe zu.

Falladas Dachs hatte mehr Glück als der, von dem ich aß – und er hat das letzte Wort in seiner Geschichte: »›Ich bin nicht umzubringen. Das ist das einzig Gute an dieser verkehrten Welt, daß sie nie ohne mich, den Dachs, sein wird.‹ Sprachs und bot die fette Trommel seines Bauches ächzend der Sonne dar.«

Du sollst, Gevatter Dachs, nicht weichen – doch Mitmensch, so du nervst, dich schleichen.

Wenn die Katze fort ist ...
... trauert ihre Dienerschaft

Ein Nachruf

Stellen Sie sich vor, Sie liegen entspannt zuhause. Es klingelt, irgendwer Unaufmerksames lässt minderen Besuch ein – solchen, der sich bei der ersten Begegnung nicht höflich und zurückhaltend beträgt, sondern direkt auf Sie zustürzt, Sie anfuchtelt, anquietscht und anfasst und gegebenenfalls sogar ableckt. Was tun Sie? Sie sehen zu, dass Sie Land gewinnen. Doch der Weg wird Ihnen verstellt, Geschrei und Gegrapsche wollen nicht vergehen, Sie fauchen, mehrfach und ernsthaft, doch auch das haucht dem distanzlosen Gegenüber keine Zurückhaltung ein. Und dann, in höchster Not, gibt es eins mit der Tatze auf die Omme, die Krallen schön ausgefahren. Das hilft, wenigstens eine Weile.

Wenn man sich eine Katze vom Leib halten will, muss man sich also nur wie ein Kretin benehmen, der die Welt als einen dieser gleich ihm widerwärtigen Streichelzoos ansieht: vor Begeisterung mit den Armen ruckeln, sinnlos »Ach wie süß!« oder ähnlich Intelligenzfreies kreischen und das Tier packen und knuddeln, ob es will oder nicht. Eine Katze ist doch kein Baby – und erst recht kein Yorkshire-Terrier, keins dieser »Hündchen mit blauer Schleife und rosa Arschloch«, wie Hannes Wader sie in seinem großen Lied »Der Tankerkönig« beschrieb: Elendsgeschöpfe, die von nicht minder zweifelhaften Damen jederlei Geschlechts in der Handtasche spazieren getragen oder im Schoß gehalten werden, weshalb sie in der Sprache des Boulevards auch »Fotzenlecker« genannt werden.

Katzen zählen zu den meistverkitschten Lebewesen, doch dazu tragen sie selbst relativ wenig bei, allein schon aus Faulheit und Desinteresse. Katzen erziehen noch den freiheitsliebendsten Mann zu willfährigem Personal. Was Frauen zu Recht untersagt ist, tun sie ganz ungeniert: quengeln, maunzen und mit stummem Vorwurf die Nerven zerfetzen, bis man sich unterwirft und ergibt. Obwohl doch Unterwerfung – außer in der Sicht von Feldherren, Frauen und Katzen – überhaupt keine Zivilisationsleistung ist.

Als ich die Katze kennen lernte, waren wir beide schon ziemlich alt: ich einundvierzig, sie elf. Sie war nicht meine Katze, oder, richtiger gesagt: Ich war nicht ihr Bediensteter, aber ich besuchte sie oft. Eigentlich war ich ja weniger bei ihr zu Besuch als bei ihren Angestellten, aber das sah die Katze völlig anders. Gerade weil ich auf Abstand hielt, hatte ich sie am Hals. Es dauerte nicht lange, und sie hatte mich um ihre Pfoten gewickelt. In einer für sie höchst bequemen und behaglichen Position lag sie auf mir herum und schnurrte glücklich wie ein Gummimotor. Ich war glücklich, wenn sie schnurrte – und schnurrte sie nicht, wurde ich unruhig, ob sie wohl nicht glücklich wäre. Genau das können Katzen. »Von Katzen lernen heißt siegen lernen«, bekannte, kapitulierend, der Katzenbutler Robert Gernhardt. Als ich zu Weihnachten ein Kaninchen schmorte, reservierte ich der Katze Herz, Nieren und Leber und hackte ihr diese Köstlichkeiten anderntags klein, während sie nur antreibend mit der Pfote aufs Parkett trommelte und im Befehlston miaute: Los, Sklave! Komm in Schweiß! Mach hinne!

Wie hat dieses kleine Viech genervt: nach zweimaligem Fressen pappsatt anklagend um mehr geschrien, als hätte man sie schmählich vernachlässigt; vor der Schlafzimmertür gejallert und – ich bin ganz sicher: stets wissend und absichtlich – Schlafende und Liebende gestört; dem herbeieilenden Zuneigungslieferanten schweiferhoben die olle Rosette gezeigt, falls der es wagte, sich um wertvolle Hundertstel zu verspäten, und, nicht zuletzt, Gaben verteilt, wie Kinky Friedman sie in seinem Roman »Frequent Flyer« beschreibt: »Katzen machen einem oft Geschenke. Mal ist es ein Vogel, mal ein anderes Elendshäufchen. Dieses hier hatte keine Flügel.« Die schöne Frau, die der Katze als Dienerin beigegeben war, drohte der Katze manchmal: »Du kommst zum Abdecker.« Es war die reine Hilflosigkeit, die Katze wusste das und grinste milde verächtlich.

Von einem Tag auf den anderen wollte sie nicht mehr trinken, nicht mehr fressen und, das war wirklich besorgniserregend: niemandem mehr auf die Ketten gehen. Ihr Lebensnerv war durchtrennt. Nahezu reglos lag sie auf einem warmen Platz, unerreichbar geworden für jedwede Bezeugung von Zuneigung und Liebe. Der Tod kam gnädig: schmerzarm und schnell.

Die Katze lag starr. Mit den Tränen, die sie benetzten, hätte man eine kleinere Wüste befruchten können. Räkelte sie sich nicht? Streckte sie nicht die Pfoten? Gähnte sie nicht und lachte uns aus? Nein, sie war fort, wirklich fort. Wenn eine Katze keinen Gefallen mehr daran findet, dass man sich für sie zerreißt, dann ist sie wirklich tot.

In eine weiße Spitzendecke gewickelt, wurde die Katze in einen kleinen alten Lederkoffer gelegt. Dann wurde die Fahrkarte für ihre letzte Reise gelöst. Es war eine einfache Fahrt. Auf die Rückseite des Fahrscheins hatte ein Katzenengel geschrieben: »Liebe Miezi, es war ein schönes Leben mit dir.«

Wie man mit Frauen nicht fertig wird

Wie man mit Frauen fertig wird, weiß kein Mensch. Zwar sagte Humphrey Bogart, es gebe kein Problem mit Frauen, das ein gelegentlicher Wink mit der Wumme nicht beheben könne, und im Film war das ja auch sehr schön, aber der männliche Wunsch, die Welt und damit vor allem die Frauen »im Griff zu haben«, wie das dann heißt, ist bloß Ausdruck von Angst. Wer alles beherrschen und kontrollieren muss, hat die Hosen voll.

Ein Mann, der Frauen liebt, ist unbestreitbar Sexist – er zieht die Gesellschaft kluger, schöner und aufregender Wesen der Gesellschaft öder Wichtigtuer vor. Haben die aber nicht auch ein im Antidiskriminierungsgesetz festgeschriebenes Anrecht auf Beachtung und Respekt? Nein, das haben sie nicht. Gesprächsnarkotiker, die uns erzählen, wie erfolgreich und großartig und super sie sind, sollen zuhause bleiben und mit dem Fernsehapparat sprechen. Schließlich wurde das Gerät erfunden, damit auch unangenehme Menschen ein Gesprächsgeräusch haben.

Wundersamerweise gibt es auch intelligente und charmante Männer, und weil ja umgekehrt nicht alle Frauen vor Esprit sprühen und funkeln, findet sich der Sexist hin und wieder in angenehmer männlicher Gesellschaft. Wenn er aber die Wahl hat zwischen einem Mann und einer Frau, die gleich erfreulich sind, entscheidet er sich für die weibliche Bewerberin. Wer solche Übersicht als positive Diskriminierung denunzieren will, möge das tun und verdorren.

Unverständlich erscheint dem Sexisten, dass Frauen die Nähe von Männern suchen, obwohl sie doch mit

Frauen zusammen sein könnten. So viele Männer benehmen sich Frauen gegenüber derartig stulle und ignorant, dass sie genauso gut homosexuell sein könnten. Aber nicht einmal dazu können sie sich aufraffen. Halbschwul hängen sie in Herrenrunden herum, zirkeln akademisch umeinander oder gehen direkt zur Bundeswehrsportgruppe, weil sie sich in der Gemeinschaft gleichgesinnter Angsthasen etwas weniger unsicher fühlen.

So gesehen leuchtet die Verschickung deutscher Soldaten in Kriegsregionen ein: Warum soll man auf den unbestreitbaren zivilisatorischen Vorteil, dass es anschließend ein paar uniformierte Stinkmauken weniger gibt, in Deutschland verzichten müssen?

Zum großen Bedauern des Sexisten gibt es Frauen, die so entsetzlich dösig sind, dass sie auch als Mann die Welt mit sich belästigen könnten; es sind gar nicht so wenige. Die Chefredakteurin der *Cosmopolitan* legt die Finger auf die Tastatur und hält das für Schreiben: »Ein so genanntes P-Date ist die erste Verabredung mit einem potentiellen Beziehungskandidaten, das dem Zweck dient, alle relevanten ›Passt er zu mir?‹-Koordinaten abzuchecken.« Ein IQ von 17 in Dauerblähung ist eine harte Belastung für die Umwelt. Solange es Chefredakteure gibt, wird sich daran nichts ändern.

Das Gegenteil von Liebe ist nicht Hass, sondern Beziehung. Beziehung ist der Lohn für alle Abchecker und Abdecker, für Koordinaten-Abscanner und andere Hohlkörper. Die gute alte sexistische Liebe aber scheut kein Risiko. Wer Liebe zur Beziehung degeneriert, darf ruhig glauben, man könne mit ihr fertig werden.

Mösenstövchen bleibt

Das böse Wort mit B heißt Beziehung. Wie das schon klingt, Be-zieh-ung: klinisch, blutleer, gewollt neutral, gefühlsarm. Und doch gibt es kaum Deutschsprachige beiderlei Geschlechts, die das hässliche Wort nicht dauernd im Munde führen und, wenn sie im Rahmen ihrer Möglichkeiten persönlich werden, über ihre Beziehungen reden. Was sie dann sagen, klingt selten gut – das hat auch mit dem Begriff Beziehung zu tun. Wie soll etwas beglückend sein, das einen so schäbigen, reduzierten und resignierten Klang hat?

In den siebziger Jahren kam das Wort in inflationären Gebrauch. Liebe galt als altmodisch, konservativ, nicht zeitgemäß und unsouverän – der moderne Mensch und vor allem die moderne Frau hatte stattdessen: Beziehung. Wer nicht von Liebe sprach, sondern von seiner Beziehung, signalisierte damit Distanz. Liebe ist man ausgeliefert – eine Beziehung kontrolliert man. Die Leidenschaften werden auf kleiner Flamme in Grund und Boden gedünstet, und hinterher wundern sich alle, wie armselig das Leben ist. Aus Schutz vor seelischen Tiefschlägen werden prophylaktisch alle potentiellen Höhepunkte wegkastriert.

Einmal stellte mir eine Freundin ihren neuen Freund mit diesen Worten vor: »Das ist Günter. Günter ist meine Beziehung.« Ich konnte es nicht fassen und sah zu Günter: In Günter war kein Protest. Er schien es für ganz normal oder für völlig egal zu halten, dass er als Beziehung etikettiert und zur Nuss gemacht wurde. Bekam Günter nur, was er verdiente? Also eine Beziehung zu einer Frau, die ihrerseits eine Beziehung zu Günter verdient hatte?

Der Wunsch, fremdes Unglück als etwas Gerechtes zu betrachten, ist verständlich, aber falsch. Wie es keine gerechte Strafe gibt, gibt es keinen Sinn hinter dem Unglück.

Gleichwohl gibt es böse oder doch wenigstens blöde Absichten – deren Protagonisten man für gewöhnlich daran erkennt, dass sie das Grundgute schlechthin und die Rettung mindestens der Menschheit für sich reklamieren. Emanzipation und Feminismus schienen einmal aufzuschimmern als Hoffnung für Frauen und Männer, die von wahrer, wahrhaftiger Liebe träumen und deshalb die Warenverhältnisse zwischen Mann und Frau nicht als unumstößliche ansehen. Was die Alice-Schwarzer-Fraktion davon übrig ließ, ist ein Konsum- und Arriviertheitsfeminismus, der das Diktum »Soldaten sind Mörder« zu »Soldaten sind MörderInnen« erweitert und es als Fortschritt feiert, wenn der Beruf des Henkers und der des ihn segnenden Papstes in gleicher Qualität auch von Frauen ausgeübt werden kann.

Sex/Gender-Debatten mögen einige Akademikerinnen ernähren; zu diesem einzigen Zweck wurden sie schließlich ersonnen. Sie fügen der Welt aber weder Wahrheit noch Schönheit zu. Was sich im feministischen Restmilieu abspielt, ist bloße Folklore. Der Wunsch, über korrekt gemeinte hässliche Wörter Welt und Weltbewusstsein zu ändern, nervt – und scheitert. Das schöne Wort dagegen setzt sich durch. Eine Bremer Freundin, die mich im Auto mitnahm, fragte mich freundlich: »Soll ich dir das Mösenstövchen anmachen?« Mösenstövchen? Ich sah sie verständnislos an. Sie lachte: »Na, die Sitzheizung.«

Alice Schwarzer ist nur ein anderes Wort für Bundesverdienstkreuz. Aber Mösenstövchen bleibt.

Post coitum animal triste?

Über ein Vorurteil, das so alt ist,
dass wir es aus dem Lateinischen kennen

Das Tier, post coitum, sei trist
Sagt der Volksmund und vergisst
Jene Tiere zu erwähnen
Die danach nicht traurig gähnen
Und gelangweilt, beim Erschlaffen
Erstmal 'ne Aktive paffen
Sondern nochmals, voll Entzücken
Näher zueinander rücken
Und sich abermals beglücken.

Nach dem Mauseln freuen sich
Mäusin wie auch Mäuserich
Schon auf eine Neuauflage
Wuchtig tritt die Gier zu Tage
Bei der Zimt-und-Zucker-Zicke
Sie hat nie die Faxen dicke
Sondern bäht das Böckchen an:
Nicht gleich schlafen – sei ein Mann!
Und das Böckchen folgt ihr dann.

Auch im Bann des Sexuellen
Stehen Rehe und Gazellen
Sich nur einmal zu bespringen
Würde sie nicht weiterbringen
Nächtelang, ganz ohne Doping
Toben Pro- und Antiloping
Hammerhai und Zitteraal
Haben beide keine Wahl
Denn stets heißt es: Komm, nochmal!

Ganz am Ende landen wir
Dann beim alten Menschentier:
Körperkes anineinander
Beingewurstel, durcheinander
Außer Atem, warm umschlungen
Hat sich, zwei-wird-eins, bezwungen
Sich im Pas de deux besiegt
Und liegt friedlich, wie gewiegt
Wonnig Haut an Haut geschmiegt.

Später wird, ganz ungezwungen
Neu ad libitum gerungen
Erst wenn dieses auch vollbracht
Sagt der Mensch: Das war's – Gut Nacht.

Inhalt

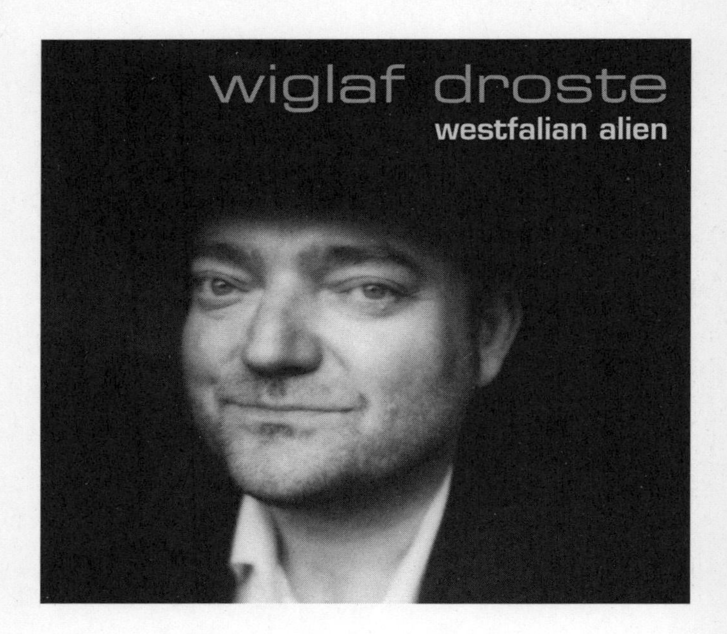

Wiglaf Droste: Westfalian Alien

Die neue Sprech-CD des „genialen Journalisten“ (Iris Radisch in „Die Zeit“), gekrönt mit einigen Liedern.

„Wenn es gilt, nicht nur zu schimpfen, sondern einfallsreich zu schimpfen, den Feind nicht mit den üblichen Injurien zu überschütten, sondern ihn mit brillanten, überraschenden Formulierungen in seine Einzelteile zu erledigen, ist Wiglaf Droste die Nummer eins.“
(Peter Köhler, Hannoversche Allgemeine Zeitung)

Digi-Pack mit opulentem Booklet, 75 Min., 16,90 Euro
Erhältlich ab September 2005 im gut sortierten Buch- und Tonträgerhandel.